MARIA BEATRICE ALONZI

PERCHÉ FINISCE

Sperling & Kupfer

Questo libro è stato realizzato con l'obiettivo di fornire informazioni di carattere generale e non intende sostituire né l'opinione di un professionista né un consulto specialistico. Si tratta di un'opera non scientifica; quindi, benché si siano svolte numerose ricerche durante la sua stesura, potrebbero presentarsi delle imprecisioni. L'autrice ha cercato di rendere i contenuti il più accessibili possibile, semplificando concetti complessi per facilitarne la comprensione. Pertanto, quest'opera non va a sostituirsi a libri scientifici di riferimento nelle discipline di biologia, chimica, medicina, psicologia e altre scienze affini. Lettori e lettrici sono invitati a non utilizzare le informazioni contenute in quest'opera per autodiagnosticarsi o autotrattarsi. Il libro non sostituisce – né intende sostituirsi – a consigli, diagnosi o trattamenti medici o psicologici. Il confronto con un medico o un professionista della salute mentale è sempre necessario per qualsiasi quesito o problema di salute. Questo testo non sostituisce un colloquio con un professionista della salute mentale e non deve essere considerato come sostituto della psicoterapia.

Qualsiasi uso non autorizzato di questa pubblicazione per addestrare tecnologie di intelligenza artificiale generativa (IA/AI) è espressamente proibito.

Pubblicato per

Sperling & Kupfer

da Mondadori Libri S.p.A.
Proprietà Letteraria Riservata
© 2024 Mondadori Libri S.p.A., Milano
PERCHÉ FINISCE

ISBN 978-88-200-8058-7

I Edizione ottobre 2024

Anno 2024-2025-2026 - Edizione 1 2 3 4 5 6 7 8 9 10

*All'amore che meriti,
che è molto più di quanto
ti abbiano lasciato credere.*

Introduzione

Tutte le famiglie felici sono simili, ogni famiglia infelice è infelice a modo suo.

C'è un altro libro (oltre a questo) che inizia con la frase che hai appena letto, ed è *Anna Karenina* di Lev Nikolàevič Tolstoj. Un romanzo russo di fine Ottocento, che prova a portarci oltre la superficie, oltre il velo dell'ipocrisia, dove tutto si scopre essere molto diverso da come sembra, anche (e soprattutto) in riferimento a un certo tipo di borghesia presso la quale le apparenze contavano più di ogni altra cosa (a pensarci bene non è poi cambiato molto negli ultimi centocinquant'anni).

Ecco, quella frase non è affatto vera.

È vero che si deve cercare di approfondire ciò che accade, e che mettere su un bel sorriso o condividere un buon selfie mentre vita e casa stanno andando a fuoco per mostrare, invece, che va tutto bene, sono una pessima idea. Ma la felicità non è la stessa per tutti, non è lo stesso *biglietto della lotteria*, non è la stessa *casa*, non è la stessa *faccia*, non è lo stesso *vestito*. Così come non è affatto vero che l'infelicità è sempre diversa. Anzi, per essere precisi, è esattamente il contrario.

Come mai?

Iniziamo dal principio: perché si potrebbe supporre che una famiglia felice sia sempre uguale a un'altra? Probabilmente perché c'è sempre del cibo a tavola, perché si fa l'amore nonostante il tempo che passa, perché ci si rispetta allo stesso modo, perché si hanno le stesse priorità, perché non ci si sente soli, ci si sente *visti* (sul cosa significhi sentirsi visti ci torneremo), e, ovviamente, tutti si sentono amati. Va bene. **Nelle favole, però.**

Perché?

Be', perché questa non è felicità, è un'idea preconfezionata di felicità. Sto dicendo che non ci si debba rispettare o che non si debbano avere le stesse priorità? Che ci si debba sentire soli? Che si debba avere fame o freddo? Che si debba smettere di fare l'amore, e iniziare a sentirsi *invisibili*? Assolutamente no; ma la presenza nel tempo, per un periodo variabile, di alcune di queste occorrenze non è sinonimo di infelicità. È sinonimo di *vita*. Di *caso*, di *strade*.

Alla base di una famiglia c'è una coppia, anche se la relazione è fra tre o più persone: perché non si può mai guardare negli occhi più di un essere umano per volta.[*] Nemmeno in uno stadio, nemmeno da un palco, nemmeno

---

[*] Se conosci i miei libri, avrai trovato questo concetto anche in *Non voglio più piacere a tutti*, Vallardi, Milano 2021.

in mezzo alla folla. **Ci si guarda per forza, sempre, una persona per volta.** Per questo, alla base di una relazione, l'*unità* è formata da due persone. Alla base di una famiglia c'è una coppia, perché alla base di ogni relazione ci sono minimo due persone: tu e l'Altro.

Tu e l'altro siete le due entità fondamentali di qualunque equazione, e se non hai chiaro dove finisci tu e dove cominciano gli altri, ebbene, l'elenco delle cose che in potenza definiscono una famiglia felice potrebbero non accaderti mai. Poiché, anche quando dovessero accadere, tu non avresti modo di *vederle*, di riconoscerle. Le negheresti, non le crederesti reali; le farciresti di sensi di colpa, le bagneresti nell'impotenza, le affogheresti nella rabbia, nel desiderio di riscatto, berresti rimorso, rancori e paure, a colazione, pranzo e cena.

Una coppia, per esempio, non va mai alla stessa velocità; non procede mano nella mano per tutti i chilometri, non trova lo stesso spazio per entrambi gli *abitanti* tutto il tempo, non riempie l'armadio al 50 per cento dei vestiti di uno e al 50 per cento di quelli dell'altra persona. In una coppia, che sia essa *sana* o disfunzionale, si collude. Sempre. E colludere significa *avvolgersi* una persona nell'altra. Fluire, perdere i confini dentro le miserie o le virtù dell'altro, e fiorire da radici intrecciate, alcune delle quali indissolubili.

Dipende dai due elementi della coppia che ne spuntino rovi o albicocche; da questo e da che semi avessero a disposizione il giorno del loro incontro, quando hanno deciso di **passare da estranei a intimi**; da quanto amore per loro stessi e da quanta pazienza avessero e da molto altro (e in questo libro lo capiremo insieme, per filo e per segno).

Ma che, dai due, sbocci uno splendido panorama primaverile o un groviglio di spine taglienti, la modalità d'azione e reazione non cambia: inizialmente ci saranno due aree ben distinte, ciascuna con dei confini. Questi confini, per forza di cose, in un rapporto di coppia si mischieranno. Sfumeranno, si ricostruiranno, si sposteranno continuamente. E, a volte, una delle due aree sarà molto più grande del proprio 50 per cento, e altre volte molto più piccola, perciò gli *abitanti* dovranno prendersi spazio o liberarne per l'altro. Gli abitanti della coppia: tu e l'altra persona.

La prima cosa che devi toglierti dalla testa è che tu e l'Altro siate due ballerine di nuoto sincronizzato: non è così. **L'amore non è simbiosi.** A volte uno si prenderà cura dell'altro per un periodo, mettendosi da parte. A volte la priorità da seguire sarà la tua, a volte quella di un eventuale figlio. A volte si smetterà di fare l'amore e si litigherà, per futili o fondamentali motivi. A volte ci si tradirà, anche solo per tornare a *vedersi*. Poiché, rimasti invisibili per tanto tempo, l'unica soluzione per non scomparire del tutto sarà sembrata quella.

A volte si andrà via, e poi si tornerà. Per un po' e per un altro po'. E a volte, se si sarà stati bravi (non fortunati, ma bravi: *capaci*), si resterà abbracciati, ci si prenderà per mano, si farà un bel pezzo di strada insieme tenendo lo stesso passo, saltando le stesse buche e guadagnando terreno per quando la strada dovesse farsi di nuovo sconnessa e i cartelli da seguire dovessero nuovamente scomparire nella nebbia.

La felicità non è *sempre simile* di famiglia in famiglia, poiché una coppia non è e non sarà mai paragonabile a un'altra. Si può essere felici mentre si cura una malattia, o si impara a conviverci. Mentre si supera un lutto o non ci si riesce, mentre i figli se ne vanno, mentre urlano, mentre si capisce di aver fatto degli errori e magari si decide di provare a correggerli. Si può essere felici insieme e, a volte, da soli, per un po'. Si può provare a farcela con poco denaro e trovare la gioia nel sorriso dell'altro, o portarne uno per tutti e due per qualche tempo, perché l'altra persona non ne ha a disposizione. **La felicità non è mai simile**, sembra che lo sia: nei selfie, sui social, nei romanzi; ma no, non lo è.

E allora perché dico che l'infelicità è, invece, sempre uguale? Non vale lo stesso discorso?

Qual è la vera infelicità in una coppia? Quella più tagliente, più dolorosa? Qual è l'insuperabile abisso per i suoi abitanti? Se ti fermi a pensare per un istante, sono certa che ti verranno in mente mille risposte diverse: il tradimento, il sentire di non valere nulla; la violenza, l'aggressività, la paura di non farcela, il desiderio di andarsene e il non riuscire a farlo, il desiderio che l'altro se ne vada e non sapere come dirglielo; la paura di fallire, di invecchiare, di aver sbagliato strada, la paura che sia troppo tardi; la manipolazione emotiva, quando la pratichiamo e quando la subiamo, la *tossicità*, il *narcisismo*, il *gaslighting* (parleremo di tutto), l'assenza di figli, la presenza di figli, la povertà, le imposizioni della famiglia d'origine, portarsi i problemi a casa ogni giorno, perdere il lavoro, la morte, la malattia, la cura della malattia. Per non parlare delle miserie personali dell'altra persona, che pare facciano sempre da ostacolo alla propria felicità. Insomma, sembra che i motivi per i quali una coppia *si lasci* o non funzioni siano tantissimi.

Ma guardiamo meglio sotto il velo di tutte queste parole. Possiamo trovare un denominatore comune: *le bugie*. Non le bugie intese come l'atto conscio di mentire in una determinata situazione, bensì la modalità di nascondere, omettere, mistificare – costantemente – al fine di sopravvivere. **Le bugie sono alla base di tutto quello che fa fallire una coppia, che la fa finire, andare in pezzi.** Perché chi la abita non ne può più, non ne può più di fingere: di fingere di essere *altro* o che l'altra persona lo sia.

La prima persona a mentire nella coppia, infatti, sei tu. Inizi a farlo da subito, per sembrare la persona che credi verrà amata. Nascondendo quella che sei davvero, per paura di essere respinta. Per la certezza che ti batte nel petto che nessuno potrebbe mai volerti così come sei, che a nessuno verrebbe in mente di accettarti. Nessuno riuscirebbe ad amare la vera versione di te. Tante volte te lo sei detto, in silenzio, lo so. Tante volte hai provato a mostrare qualcosa di te, ma sono scappati tutti, e così hai fatto il giro e ricominciato a mentire, nascondere, omettere.

XII

Prendi un respiro. Non c'è giudizio qui. Nessuno.
Qualunque cosa tu abbia fatto, qualunque cosa ti abbia
spinto, hai tutta la mia comprensione. I modi nei quali
hai dovuto sopravvivere, le vicissitudini che hai superato,
rimettendoti in piedi dopo aver vissuto in ginocchio e in
frantumi, dimostrano un immenso coraggio. Hai fatto del
tuo meglio, anche nel più buio dei giorni, e nessuno deve
permettersi di giudicarti. Ci serve solo osservare, osservare
chi sei, come ti muovi nel mondo. Così da capire cosa ti
trattenga, cosa ti limiti, cosa ti faccia del male.

Quand'è che cominci a mentire? A volte da subito. Magari inizi con l'omettere, con il modellare *leggermente* la realtà,
con l'intento di capire come sia fatta l'altra persona; magari
per non rischiare di dire la *cosa sbagliata* e farla scappare.
Magari vai oltre, fai ancora di più: ti costruisci un'intera
personalità basata sui dati raccolti nei primi incontri con
l'altro di turno, a beneficio di ciò che credi vorrebbe, e
magari la usi anche con altre persone, la perfezioni, per
tutta la vita. Una vita passata a cucirti sul volto una bella
maschera *viva* da mostrare agli altri. E, un giorno dopo
l'altro, continui a mentire ancora un po'.

«Ma lo faccio per l'altro…» Te lo sei detto, eh? Per
lasciare le cose tranquille, per non farlo agitare, per non
deludere nessuno. E il tempo passa, e finisce che adesso
menti per qualcosa di diverso: menti quando dici che
certe cose ti vanno bene, che certi silenzi te li sei meritati,
che un certo cibo ti piace, che non hai tanta fame, che va

bene fare un certo tipo di amore anche se fa male, o che ti va bene non farlo più, che tanto anche a te non va. Che certe parole non ti hanno ferito o mancato di rispetto, che certi obiettivi sono anche i tuoi e certe priorità pure. Che non hai mai freddo, anche se terresti il piumino persino in agosto; che non hai sete, anche se in solitudine bevi solo per stordirti o addormentarti, che quella persona non ti fa sentire sola, non ti fa sentire invisibile, per tutto il tempo, e mai amore, mai. Menti dicendo che le cose che senti, i bocconi amari che ingoi, non sono colpa tua, sono colpa sua. Menti dicendo, mentre ingoi veleno, che questo non dipende dall'altra persona ma da te e te la prendi tutta la colpa, la metti nel bicchiere e bevi anche quella; passando il tempo così: un giorno a dire che il problema sei tu e il giorno dopo a pensare che sia l'altra persona. Ti fai andare bene persino la gelosia morbosa o di non avere abbastanza denaro tuo o che l'altro non ci sia o che tradisca, ricatti, e menta.

Perché a mentire, infatti, si è sempre maledettamente in due.

E la menzogna è fantasia, e la fantasia non ha confini, soprattutto quando ci si avvolge una persona dentro l'altra. Si moltiplica: fluisce, allentando i confini di entrambi, fino a sfaldarli, dentro le miserie o le virtù. Radici intrecciate che, a volte, indissolubili, fanno fiorire nient'altro che spine.

Per questo nell'infelicità si è sempre più lontani e sempre identici, per questo le storie che durano sono

tutte diverse, ma quelle che finiscono finiscono tutte nello stesso modo.

Ed è imparando come accade, quando accade e cosa tu possa (o avresti potuto) fare, che non ti succederà mai più. Che tu una storia la stia vivendo o la stia cercando, noi partiremo da quelle che sono andate male, da quelle che sono finite. Perché a quella che vivi oggi non capiti, perché quella che incontrerai domani (e vedremo come farlo accadere) non avvizzisca, anzi germogli. Senza rovi.

Tutte le storie finiscono nello stesso modo, e noi capiremo insieme come partendo da questo semplice concetto tu possa arrivare ad amare e a lasciarti amare, senza dover più mentire, ma accettando chi sei e, un giorno per volta, trovare la felicità in te e nelle tue relazioni.

Forza, cominciamo.

Nota alla lettura

In questo libro troverai due tipi di note: quelle a piè di pagina, segnalate con un piccolo asterisco, e quelle a fine libro, indicate dal classico numerino ad apice.

Le prime arricchiscono il discorso e ispirano un pensiero laterale. Le seconde sono approfondimenti di natura più tecnica: aprono finestre su argomenti che potrebbero interessarti, oppure no. Non è indispensabile che interrompi la lettura per andarle a cercare. Puoi consultarle una volta finito il libro oppure durante una seconda lettura, o mai.

* * *

In questo libro il maschile e il femminile cercano di non essere marcati e limitanti: quando leggi una frase al maschile, è perché il soggetto della frase è il "partner", quando ne leggi una al femminile, è perché mi sto rivolgendo a te come "persona". **Non esiste genere che sia ostacolo in amore**, non esiste sesso, identità di genere, orientamento sessuale che sia limitante per stabilire una relazione soddisfacente (non in senso ontologico, perlomeno; siamo noi che, sulla struttura eteropatriarcale della società, dobbiamo invece lavorare ancora molto).

Chiunque tu sia, chiunque tu voglia accanto nella vita (nei limiti della legge e del consenso più assoluto) puoi cercarti in questo libro.

Con tutto il cuore, spero di averti dato voce e fatto sentire rappresentato come essere umano; con immensa gratitudine, spero di averti *vista* e fatta sentire rappresentata come persona.

Indice

1

del destino

Il destino risolve sempre un sacco di problemi. Se succede è colpa del destino, se succederà sarà merito del destino, se non è successo è perché non era destino, se non è successo è stato un miracolo (del destino). Tutto sembra accadere per un motivo, e questo motivo, indovina un po', è il *destino*.

Tu e io stiamo per intraprendere un cammino insieme e non sarà facile. Anzi, lasciami essere schietta con te: certe volte sarà dura. E questo perché la strada che dobbiamo intraprendere *sei tu*. La strada che percorreremo porta dentro di te, nel profondo. A vedere, capire, provare a sciogliere e smontare certi meccanismi e certe credenze che ti impediscono di trovare o vivere una relazione come si deve. E per farlo abbiamo bisogno di sapere cosa lasciare momentaneamente *qui*, all'inizio del percorso. Se vorrai, alla fine della nostra avventura potrai riprenderti ciò che hai temporaneamente poggiato *a terra*, tolto dal tuo bagaglio di conoscenza, sarà tuo diritto. Ma – per adesso – perché

questo viaggio ti sia utile, mi serve che tu non possa autoli-
mitarti con ciò che credi sia "giusto" e con ciò che credi sia
"sbagliato". Nel senso più generale che riesci a immaginare.

Mi serve, in sostanza, che lasci l'etica a casa. Mi serve
che lasci a casa anche la morale, in realtà, e, soprattutto,
mi serve che ci lasci la religione. Nel senso più ampio del
termine. Qualunque credo spirituale, in questo viaggio,
non ti sarà utile, e ti spiego subito come mai: non perché
sia sbagliato che tu creda a ciò che ti pare e piace, e che
magari questo credo guidi anche parte dei tuoi pensieri e
delle tue scelte; ma noi, attraverso questo viaggio, dobbiamo
andare in un posto dentro di te dove l'etica, la morale, la
fede, la speranza, la misericordia, la generosità e persino
l'Altro (chiunque esso sia) semplicemente non esistono.

Là sotto non vi sono le stesse regole di *qua sopra*. C'è un
posto dentro di te dove non esiste molto, ma quel poco
che esiste è tutto assoluto, estremo, senza mezze misure,
senza sfumature, senza "se" e senza "ma"; dove il tempo e
lo spazio non esistono, dove tutto è *oggi* o *mai*, dove tutto
è *qui* o *da nessuna parte*; dove non esistono persone vive o
morte e, a dire il vero, nemmeno persone, ma ombre ed
emblemi che somigliano a persone che conosci e che sono
lì da chissà quanto. In quel luogo, per noi di fondamentale
importanza, non esisti propriamente nemmeno tu, bensì
solo dei *grossi pezzi di te*. Alcuni di essi, per esempio, sono
fatti di corda e, in quanto tali, ti *muovono* dall'interno. E
le corde, se ci pensi, somigliano alle radici.

2

Per questo dobbiamo scendere davvero in profondità, dove queste radici sbucano dal terreno, giungendo in quel luogo dove tu *cominci*, dove tu *inizi*. Un luogo così lontano, così inconsapevole, così nascosto, che non vi arriva nemmeno la luce. Ce la dobbiamo portare noi, tu e io. E devi immaginarti questo posto come un altro tipo di universo rispetto al nostro (quello al quale siamo abituati, perché ci viviamo), dove le regole sono diverse, la *fisica* è un'altra, la forza di gravità magari si chiama in un altro modo, oppure nemmeno esiste. Insomma, un posto che ancora non conosci, ma che ci serve scoprire per parlare davvero di te e per capire cose che ti sono e ti saranno utili, per sempre. In tutte le relazioni.

Ecco, per arrivare *lì* dobbiamo lasciare un sacco di cose *qui*. Poiché innanzitutto dobbiamo arrivarci senza giudizio. Il giudizio, nella vita di tutti i giorni, ti aiuta a discernere, a scegliere. A non mettere la mano nel forno acceso, ad attraversare la strada solo quando non sta passando nessuno, a portare in borsa un maglione se comincia a fare freddo, a mettere la crema solare quando stai al sole e a non mangiare certi cibi se ti provocano allergia. **Ma è con lo stesso identico giudizio che hai scelto le persone che nella tua vita ti hanno fatto soffrire. È partendo dagli stessi criteri di scelta che hai deciso di restare con loro anche quando faceva male, anche quando sapevi che non erano per te, ed è lo stesso giudizio che oggi ti fa credere che fosse colpa tua.**

Capirai che questo giudizio, in questo viaggio, dobbiamo proprio lasciarlo a casa. E parte di esso è costruito su ciò che credi sia "giusto" e su ciò che credi sia "sbagliato", buono e cattivo, bene e male, sano e malato. Credere nella religione, alla mano del fato o a quella di un dio, alla strada tracciata o all'osservazione delle tue decisioni dall'alto, al libero arbitrio che porta con sé un premio o una punizione, al buono per i giusti e alla pena per gli empi, ora, *qui*, non ti serve. **E la fede: qualunque nome tu gli dia, nasconde sempre con sé un destino.** Ma noi, del destino, per un attimo ce ne dobbiamo fregare. Dobbiamo immaginare che non esista, perché dobbiamo scendere giù, dentro i tuoi pensieri più arcaici e antichi. E lì non c'è mai stato posto per altro che per te.[*]

Quindi, il destino, lo lasciamo *qui*. Ma non da solo. C'è una paura primordiale che governa le tue decisioni, molte di esse, senza che tu te ne accorga. Quando senti quel vuoto pulsare, dentro di te, e non sai bene *da dove arrivi*: pensi sia l'ansia, l'angoscia, la tristezza, la perdita, il dolore.

Ma tutte queste esperienze occorrono perché a premere non è un vuoto, ma una *ferita*. La *ferita originale*, lo spazio attorno al quale la tua figura è costruita: l'assenza. L'abbandono. Il lutto, la morte. La paura dell'ignoto, la paura del cambiamento (che ti zavorra a terra), il terrore di arrivare in ritardo, di perdere delle esperienze che hanno dato gioia

---

[*] In un altro libro, un romanzo in questo caso, io stessa scrivevo: «Non ho destino, non ho paura» (*Noi, parola di tre lettere*, Salani, Milano 2022).

4

agli altri, di terminare un lavoro per ultimi, di mancare una ricorrenza, di non fuggire una malattia, non è altro che *lei*: la paura di morire. Di morire in senso assoluto, non solo di inciampare, cadere a terra e spaccarti la faccia. Morire come *non esistere*, non essere più, scomparire. Lontano da quegli occhi nei quali vorresti specchiarti, e che ancora non ti hanno riconosciuto. Questa è una paura che porti con te in ogni relazione, per la quale fai e fai e fai, sperando che serva a farsi *vedere*. La lasciamo qui, anch'essa, per un po'. Non ci serve adesso.

La lasciamo andare insieme a un'ultima cosa: quella che ti fa aggrappare a relazioni e situazioni unicamente per non sentirti una persona sola. Che ti fa accettare le briciole, per poter dire di avere qualcuno accanto. La paura di essere soli è così forte che ti fa dimenticare chi sei e, a volte, è quella che ti fa mentire. Questa è la paura di vivere, in solitudine. Il passare dei giorni senza custodi, senza testimoni, senza spettatori della tua esistenza. E cos'è uno spettacolo senza nessuno seduto in platea? È il terrore di ogni performer. Non ci serve ora, dobbiamo lasciarla qui.

Già, ma *qui* dove? Dov'è che siamo, tu e io, adesso? A casa. Siamo a casa tua. Che tu ci sia davvero fisicamente oppure no, non importa. Leggi queste parole, poi chiudi gli occhi e portami con te, a casa tua.

Per cominciare a viaggiare, dobbiamo chiuderla per bene e lasciarla riposare per un po', per poi tornarci alla fine del nostro cammino. Immaginati di essere a casa, che tu ci sia o meno, che tu ci viva o meno, immagina la *casa* che senti tua. Non importa se è reale o meno, è reale per noi, adesso. Immagina di alzarti, guardarti intorno, osservare bene ciò che c'è.

In alto, partendo dal soffitto, poggia lo sguardo sulle finestre, se ce ne sono, sulle luci, se ce ne sono. Guarda i mobili, i soprammobili, se ce ne sono. Fai un giro in cucina, uno in camera da letto, cerca una scrivania, guarda cosa c'è sopra, magari c'è un computer. E in salotto, c'è una tv? E nella camera da pranzo, c'è un bel tavolo? È grande? Ci sono dei fiori? Quanti bagni ci sono? E, in questi bagni, ci sono dei cosmetici? Ci sono profumi? Vai a guardare i tuoi vestiti, le tue scarpe: come sono, ora che stiamo per partire? Invernali? O estivi? Che temperatura c'è? Fa caldo o fa freddo? Si sta bene? Se ci sono luci accese spegnile, lasciane accesa una sola, quella dell'ingresso, vicino alla porta. Se ci sono finestre aperte, chiudile. Chiudi anche le imposte o le tapparelle, e tira le tende. Lasciamo riposare la tua casa per un po'.

Avvicinati alla porta, ora, e infilati le mani in tasca. Ci trovi sette piccoli oggetti: quali sono? Guardali, li hai nelle mani. Cerca un posto qualunque vicino all'ingresso per appoggiarli, va bene anche il pavimento. Lasciali lì, uno per uno, con cura. Guardali uno per uno e salutali. Uno è l'etica, il secondo è la morale, il terzo è il giudizio, accanto c'è la religione, poi la fede, il penultimo è la paura di morire e l'ultimo è la paura di vivere in solitudine.

E ora apri la porta, ci vediamo fuori. Ti aspetto.

2

del desiderio dell'amore

parte prima

«COME trovare l'anima gemella.»

«Dieci mosse per capire se è la persona giusta.»

«Red flag e green flag da non ignorare al primo appuntamento.»

«Come capire subito se tra di voi c'è chimica!»

Lo so, li avrai letti anche tu questi slogan, almeno una volta nella vita. Perché il sogno di tutti è possedere la bacchetta magica, pronta a indicarti con un lampo di luce se qualcuno è più o meno giusto per te. Eviterebbe tante sofferenze, troppe forse, e tanto, tanto tempo (troppo forse). Un tempo che, a un certo punto, se le cose non hanno funzionato, potresti addirittura definire *perso*. D'altronde, immagino che una parte di te, nel comprare questo libro, abbia pensato di farlo per capire *come* e *dove* incontrare la persona giusta e, una volta trovata, per capire come non farsela *scappare*. C'è un'illusione che vive dentro di noi, è il regalo di decine di anni di romanzi, serie tv, film e pubblicità: pensiamo che esista una formula esatta che *incastri gli astri*, delle regole chiare e ben definite che guidino, siglino e rafforzino l'incontro perfetto.

Ci siamo lasciati la porta di casa tua alle spalle e stiamo iniziando a passeggiare lungo un viale. Costeggiamo una fila di case sulla sinistra. Ci troviamo in un bel quartiere, siamo su un viale pedonale, tranquillo. Alcune persone camminano davanti a noi, altre vengono nella nostra direzione. Qualcuno pedala. Non riconosci nessuno, ma non importa, nessuno è abbastanza vicino.

Sulla sinistra, dicevamo, vi è una fila di case eleganti, dalle facciate chiare e dai dettagli raffinati. Queste abitazioni ricordano quelle di una località costiera, con portici spaziosi e giardini curati. Alla tua destra, c'è un vialetto con della ghiaia ordinata e, ancora più a destra, una striscia d'erba ben tenuta si allunga e si estende per tutto il viale, punteggiato da alberi alti quanto basta per fornire ombra, senza però togliere il cielo alla vista.

L'ambiente è ventilato, luminoso, ridente, gli alberi creano un piacevole effetto di luci e ombre sul tuo cammino. La temperatura è perfetta. In lontananza, sempre alla tua destra, se allunghi lo sguardo oltre l'erba e gli alberi, intercetti altro cielo. Continui a camminare. Alla tua sinistra le case si susseguono, armoniosamente. Alla tua destra il verde ordinato e gli alberi si avvicendano, creando un senso di continuità e pace lungo tutto il percorso.

Una casa attira la tua attenzione; il cancello che dà sul giardino è aperto, entri. Ti avvii verso l'ingresso: una porticina verde scuro, con un battente dorato in alto, al centro, ti ricorda qualcosa che hai letto in un romanzo, ma non sapresti dire in quale. Metti la mano sul pomello specchiato che fa da maniglia, lo giri piano, la porta si apre, entri. La luce è chiara, calda, morbida, indugia sulle pareti stipate di libri: ti trovi in una magnifica biblioteca, con volumi che vanno da terra a cielo. Negli angoli della stanza sono ordinatamente disposte massicce cassettiere di metallo da ufficio, e sopra alcuni televisori accesi, stondati, anni Cinquanta, con due piccole manopole zigrinate sul davanti e due antenne di metallo spiegate nella parte alta.

Ti guardi intorno, con curiosità. Riconosci alcuni titoli, certe scene trasmesse dagli apparecchi televisivi. Alcune coste dei libri, i colori, i materiali, qualche volto sugli schermi. Ti accorgi che, disseminati nella stanza, vi sono altri dispositivi: un giradischi, uno stereo a cassette degli anni Novanta, un impianto audio, un walkman, un lettore CD e un paio di consolle per videogiochi. Tutto è disposto con cura, tutto funziona. C'è una bella musica nell'aria, una musica che riconosci.

Come possiamo definire i contenuti che consumiamo? I film, i libri, le canzoni, le serie tv, i videogiochi? Sono prodotti. Prodotti audiovisivi. Prodotti audiovisivi di intrattenimento: creati, perciò, con lo scopo di intrattenerci. Alcuni riescono perfettamente, altri no. Questione di gusti? Di budget produttivo? Di cultura personale? Concentriamoci per un attimo su quelli che ti sono rimasti più impressi, che sono ben vivi nei tuoi ricordi. Mettiamo ora da parte quelli che, al contrario, hai dimenticato poco dopo averli consumati, che ti lasciano quella strana sensazione di *déjà vu* ogni volta che li senti nominare. I primi, quelli rimasti più scolpiti nella tua memoria, contribuiscono a modificare significativamente la tua percezione del mondo, delle persone e delle emozioni, e persino i tuoi comportamenti. Cosa significa davvero, allora, *intrattenerti*? Come funziona nello specifico?

Per intrattenerti, i prodotti che consumi hanno bisogno di arrivare a risvegliare dentro di te un'emozione. Perché essi siano memorabili, devono suscitare in te delle sensazioni, poiché la memoria funziona in questo modo: fissa meglio qualcosa quando può legarla a un'emozione, l'emozione fa da *innesco*. E più l'emozione è intensa e complessa, più è ricca e sfaccettata, più servirà a fissare nella memoria un ricordo. Per suscitare potenti emozioni, emozioni che costruiscono ricordi indelebili, è necessario toccare determinate corde. Cosa provi, per esempio, quando credi di non aver ancora *risolto* qualcosa?

Ti guardi intorno di nuovo: tra tutti i libri disposti nella biblioteca ne prendi in mano uno con la copertina di stoffa; ha le pagine consumate per tutte le volte che è stato sfogliato. Osservando gli scaffali e le mensole, ti rendi conto solo ora che vi sono disposte anche alcune fotografie, incorniciate. Raffigurano tutte lo stesso soggetto: tu. In alcune ci sono anche persone della tua vita, del tuo passato, della tua famiglia, della tua cerchia di amicizie e conoscenze.

Sparso tra libri, dispositivi musicali, videogiochi e televisori, vedi parte del racconto della tua storia. Alcuni momenti sono significativi, altri meno. Ti accorgi che alcune cornici sono vuote. In altre le foto sono sfocate o scolorite. Alcuni volti non li riconosci nemmeno più; certi vestiti che indossi non ricordi di averli posseduti. Altri li hai amati, e ti chiedi che fine abbiano fatto. Nel centro della sala c'è un grande specchio ovale, più alto di te, montato su cardini di legno, di quelli che si ribaltano. Ci guardi dentro.

I racconti che appassionano condividono delle strategie narrative: una delle più comuni è rappresentata dal mettere in evidenza nella storia la mancanza di *risolto*, di *compiuto*, che suscita delle emozioni caratteristiche negli esseri umani. Attraverso storie, atmosfere, sonorità, dialoghi, frasi e parole specifiche, a venire rappresentata è sempre la *precarietà*.

La precarietà viene utilizzata come uno specchio, una finestra rovesciata: tu credi di stare guardando *attraverso* di essa ma, al contrario, è il tuo riflesso che *vedi*. **Le storie che**

11

ascolti, leggi, osservi, per conquistarti iniziano sempre
incompiute. Le case dei personaggi sono in divenire, le
coppie e le famiglie e i mestieri sono in divenire, la vita è,
in sostanza, *in divenire.*

Anche in quelle narrazioni dove sembra andare tutto
benissimo, dove i protagonisti sono felici e vivono piccoli mondi perfetti, essi stessi subiscono quasi subito uno
sconvolgimento: qualcosa accade e capovolge la situazione,
rendendo tutto *precario.* Trasferimenti, spostamenti, cambi
di lavoro, di scuola, di piani, di coppie, di amici, di relazioni, di famiglie, di soldi, di status sociale, lutti, separazioni,
tradimenti, verità che diventano bugie e viceversa; tutte
condizioni che – come incipit fondamentale – propongo-
no sempre una sorta di unico mantra: «Non siamo risolti,
stiamo cercando ancora la nostra strada, la nostra *soluzione.*
Siamo ancora *in divenire*».

Perché? Be', perché *tu* sei in divenire. Stai ancora cercando una strada che sia tua, una *casa* che sia tua, una relazione
che ti faccia sentire al sicuro, per davvero. Un'amicizia che
non ti tradisca, un amore che non si stanchi di te, una
passione che ti travolga di bellezza, una famiglia che sia
fiera di te, un posto nel mondo, un lavoro che ti realizzi,
un portafoglio che ti consenta di viaggiare e un cassetto di
ricordi che strabordi di esperienze, da aprire nei giorni di
pioggia della tua esistenza, e ti rinfranchi, convincendoti
di aver *davvero* vissuto.

E proprio perché sei una persona che non si perde

d'animo anche quando le cose sembrano andare davvero male – resistendo come una nave maestosa in mezzo alla tempesta, dolorante ma mai sconfitta –, quando (e se) ti prendi del tempo per guardare, leggere, ascoltare qualcosa cerchi sempre di trarne un'esperienza preziosa. Qualcosa che ti aiuti magari a capire come *proseguire* nel tuo cammino. Come *arrivare* a ciò che vorresti o credi di dover ottenere.

Ti guardi allo specchio, con un po' di timore. Al contrario di ciò che a volte ti accade, ti riconosci.

Le storie che ti restano *incollate* negli occhi sono quelle che ti offrono uno spiraglio, una sorta di buco della serratura sul tuo futuro o sul tuo mondo interiore. **Anche se ambientate a centinaia di anni o di galassie da te, una volta che una storia ha acceso la tua emozione, sarà sempre il *simile* che coglierà la tua attenzione, mai il *diverso*.** Sono le storie che ti parlano (in modo più o meno didascalico) di ciò che vorresti, di ciò che desideri e che speri di raggiungere o comprendere, a restare nel tuo cuore. Le storie che ti regalano la sensazione di sapere cosa fare, di conoscere la prossima mossa da compiere, utile a incastrare un pezzetto di puzzle, a percorrere un metro, ad arrivare un po' più vicino alla meta, qualunque essa sia. Si fanno *vivere* da te, come fossero reali, e tu prendi spunto da loro per procedere.

Qual è il problema? dirai tu. **Il problema è che quelle**

storie non sono reali. Nonostante questo, da qualche parte, dentro di te, quei volti, quei colori, quelle parole, quei suoni, quei disegni, quei ricordi, quei paragoni, hanno scavato un posticino tutto per loro, che ti ha fatto dimenticare che a esservi rappresentata non era la realtà.

Ti accorgi, fissandoti nello specchio, di avere un'altra età.

Il cervello umano, per essere sempre efficace ed efficiente, certe volte procede per *scorciatoie*, e per farlo ha bisogno di *ancore*, di punti di riferimento. Questi fenomeni sono noti come *euristiche*[*] e servono alla tua mente per elaborare le informazioni più rapidamente, senza sprecare energie non necessarie. Servono a farti prendere le decisioni il più velocemente possibile.[**]

Queste scorciatoie, però, mutuando il detto «la fretta è cattiva consigliera», non sono sempre accurate, e possono anzi distorcere la tua percezione della realtà. Una delle euristiche più comuni è quella della "disponibilità", per

---

[*] Il termine "euristiche" deriva dal greco *heurískein*, che significa trovare o scoprire. Le euristiche sono procedimenti mentali intuitivi e rapidi che consentono di ottenere una visione generale della situazione, permettendo di arrivare rapidamente a delle conclusioni.

[**] Per esempio, se guidi, non è che tutte le volte che cambi marcia o metti la freccia devi starci a pensare, lo fai in un modo che credi sia *automatico*. Ecco, non è automatico, è solo velocissimo. Il cervello lo ha reso tale per farti sprecare meno tempo possibile nel compiere un'azione che già conosci. Affascinante, vero? Dipende: a volte la velocità è nemica della verità.

la quale si tende a giudicare la probabilità di un evento basandosi su quanto facilmente si riesca a ricordarne esempi simili. Il cervello, inoltre, è particolarmente plastico e suscettibile all'influenza delle esperienze vissute e delle storie consumate durante l'infanzia e l'adolescenza, momenti dove la distinzione tra realtà e finzione risulta "sfocata", soprattutto quando le narrazioni sono emotivamente coinvolgenti. **Questo fenomeno si verifica perché i ricordi sono costruiti non solo attraverso esperienze dirette, ma anche tramite informazioni e storie assimilate.**

Certe volte, quindi – soprattutto se di alcuni contenuti hai fruito durante la giovane età –, la tua mente non opera una vera e propria distinzione tra realtà e finzione. Qualcosa sfugge dalle maglie dei ricordi, e una storia fruita, invece che vissuta, viene messa erroneamente nel cesto delle esperienze plausibili. Oltretutto, tante storie, soprattutto quando si è bambini, servono da vere e proprie fughe emotive, accendendo il desiderio che la fantasia diventi realtà quando la realtà è troppo ingombrante o dolorosa. Se non si è lavorato a fondo per elaborare il proprio vissuto (magari un vissuto complicato), in età adulta questo potrebbe non aiutare a comprendere completamente *da che cesta pescare i ricordi*. **In questo contesto, le storie che consumi possono diventare, a tua insaputa, veri e propri modelli di riferimento per le tue esperienze e le tue aspettative.**

Quando vedi ripetutamente situazioni risolversi nello

stesso identico modo, il tuo cervello inizia a considerarle come più probabili o normali rispetto a quanto lo siano realmente. Sia che succedano nella realtà, sia che succedano ripetutamente in decine di narrazioni alle quali hai assistito (letto, visto, sentito, giocato o scorso sui social network*). Soprattutto quando le storie sono ambientate in luoghi per te accessibili, aventi come protagonisti personaggi non troppo diversi da te, la *scorciatoia* è quella di trovare similarità, non differenze. E qui sta il problema. Sia che tu consideri queste narrative plausibili, sia che credi possano capitare a tutti tranne che a te, il punto rimane. Sono lì, tra le pieghe dei tuoi ricordi, hanno lasciato una *traccia emotiva*.

Non è finita qui. Questo fenomeno è amplificato da un altro che prende il nome di *bias di conferma*. Un bias è una tendenza sistematica a commettere errori di giudizio o a distorcere la percezione della realtà. Una deviazione dalle norme della razionalità che può influenzare le decisioni e i criteri di scelta.** In parole povere il bias è un modo di pensare che ti porta a commettere errori o a vedere le cose in maniera distorta. Il bias di conferma, nello specifico,

---

* Sono tutte davvero così *magre*? Sono tutti davvero così *ricchi*? No, ma tu sui social ti imbatti sempre e unicamente in loro, fino a credere, anche solo inconsciamente, di essere tu la persona sbagliata, perché troppi sono quelli che, attraverso lo schermo, vedi sembrare *perfetti*.

** Può derivare da limitazioni cognitive, pressioni sociali o influenze emotive. In psicologia i bias sono studiati per comprendere come le persone elaborino le informazioni e prendano decisioni in modo non sempre *razionale*.

funziona come indossare un paio di "occhiali" che mostrano in modo nitido e preciso solo quanto conferma le tue idee, rendendo sfocato tutto il resto: ciò che le contraddice.

In ultimo troviamo poi un altro fenomeno, quello dell'*identificazione*. Perché ai bambini si leggono le storie? Perché si fanno guardare loro i cartoni animati? Perché si fanno ascoltare le canzoni? Per insegnargli il mondo. Il mondo al di fuori di loro. La morale delle favole, il rispetto, l'Altro, l'affetto, la gentilezza, lavarsi i denti, mettere in ordine la stanza e via dicendo. Quante volte ci si rivolge a un bambino durante la fruizione di un contenuto e gli si dice: «Ecco, vedi? Proprio come te!» Le filastrocche, le storie, servono a questo: a rappresentare la realtà, a rappresentare le persone, poiché **l'essere umano ha bisogno di sentirsi rappresentato per sapere di esistere.***

***

* Questo è uno dei motivi principali per i quali bisogna supportare e incentivare, quando avviene, la riscrittura dei classici di animazione e, in generale, di tutti i prodotti destinati ai bambini. Per il mondo nuovo nel quale viviamo: un mondo inclusivo che deve rappresentare chiunque, non solo bambine e bambini bianchi, occidentali, cisgender ed eterosessuali, e chiunque creda il contrario non ha capito l'importanza di crescere dei nuovi adulti in un mondo comprensivo e non esclusivo.

Nessun prodotto audiovisivo di questo secolo toglie i ricordi, chi cerca di difenderli criticando un contenuto per i bambini di oggi (dei quali non fa parte), mette in atto comportamenti appresi durante la propria infanzia, da coloro che pretendevano dai propri figli di essere conformi, cancellando ogni diversità, ogni unicità, ogni identità. Coloro che difendono i propri ricordi boicottando e criticando il rifacimento dei classici, appellandosi a politiche di marketing o invitando le major a creare nuovi contenuti senza rimettere in scena, cambiati, quelli vecchi, non hanno mai potuto essere bambini e per tale motivo, a volte (come in questo caso), li vediamo comportarsi come tali.

* * *

E allora, anche per i grandi, i media costruiscono narrative che riflettono situazioni irrisolte o in divenire, creando una connessione con il pubblico che si trova in fasi simili della propria vita. **Perché tu, in quanto essere umano, sei naturalmente incline a *cercare storie* per dare senso alle tue esperienze.** Sia mentre le vivi, sia dopo averle vissute. Vi è una vera e propria "identificazione sociale", un comportamento imitativo. Più o meno inconsciamente, tu tendi a identificarti con i personaggi che rappresentano ideali aspirazionali o situazioni di vita che rispecchiano le tue ambizioni o i tuoi dilemmi. Per questo, a volte, ti senti parte delle storie che ti vengono presentate. Entra in gioco una sorta di vera e propria *risonanza emotiva*. Risuonano le emozioni più vicine alle tue questioni irrisolte e, proprio perché tali, legate a doppio filo ad altrettanti desideri inespressi.

Il fatto che tutti gli individui, chi più chi meno, rispondano più intensamente ai media che riflettono le loro esperienze personali e i loro stati emotivi, è qualcosa che è stato scoperto, studiato, compreso e ormai riproposto con successo centinaia di volte. Mentre osservi qualcuno rinascere o *farcela*, trovare o riuscire, lasciarsi andare o venire amato, sullo schermo, nelle pagine di un libro, tra le note di una canzone, sperimenti una vera e propria catarsi, che ti fa esperire una reale *purificazione* (anche se solo temporanea), una sorta di liberazione emotiva.* **Quando ti immergi in una storia ti identifichi con i personaggi, condividendo non tanto le loro esperienze bensì le loro emozioni e, così facendo, *vivi* indirettamente anche le loro esperienze.**

Questa identificazione emotiva crea una forte connessione tra la tua vita reale e la narrazione, rendendo le storie ancora più influenti nel modellare le tue percezioni e aspettative. Osservi scenari che rappresentano in tutto e per tutto i tuoi conflitti interni e, per un attimo, ti sembra di avere la soluzione in mano, ti sembra quasi di toccare la meta, l'arrivo. «Se *loro* ce l'hanno fatta, ce la farò anch'io.»

Attraverso questa identificazione, le esperienze e le emozioni dei personaggi diventano un'estensione delle tue, influenzando il modo in cui vedi il mondo e la tua stessa persona. Il *meccanismo a specchio*, quindi, non solo riflette la tua realtà interna, ma la modella attivamente. **Le storie che consumi finiscono non solo per rispecchiare i tuoi desideri e le tue paure, ma per amplificare, trasformando e talvolta distorcendo.** Lo stesso che ti capita quando leggi cose come: «Come fare a trovare l'anima gemella: una guida pratica».

Immergendoti nella lettura, riconoscendoti in alcune istanze, provando a memorizzare quei concetti, è come

---

* Per alcuni funziona anche alla rovescia, sentono il bisogno di vedere sofferenza per potersi permettere finalmente di provare la loro.

se stessi progredendo nella ricerca. Perché le emozioni che provi in quei momenti sono potenti, ed è come se ti instradassero a immaginare possibilità che non avresti considerato (e che sono, per la maggior parte delle volte, surreali).* In sostanza, il cervello ti allena a *risolvere problemi*, a gestire emozioni complesse, a trovare soluzioni creative attraverso le storie che consumi. **Il cervello si accorge fin da subito di poter usare queste narrazioni come una sorta di campo di addestramento emotivo e cognitivo.**

Questo processo inconscio e automatico ti porta a interiorizzare le lezioni delle storie come fossero esperienze reali. Questo è stato il "traghetto" per i mondi immaginari di quelle storie – perché diventassero per te standard o obiettivi da raggiungere – anche se sono state, invece, *solo* costruzioni narrative ("solo" l'ho scritto in corsivo perché l'immaginazione non è mica cosa da poco). **Quella che vedi nelle storie, insomma, sembra una versione della realtà, ma non è una versione della realtà, non lo è mai stata.**

Non lo è stata per i personaggi dei romanzi ottocenteschi, che grazie all'amore o alla guerra o alla determinazione o al coraggio sono stati dipinti in quanto liberi, poiché, al contrario, furono scritti da chi sognava in prigionia (fisica o sociale).

---

* Una su tutte: il personaggio bello e dannato che cambia grazie all'amore della protagonista di turno. Quel friccicorio che provi quando incontri qualcuno da *curare/salvare*, trova una sua specie di conferma nelle storie che da sempre fanno parte della tua vita.

Non lo è per i giovani nei film e nelle serie tv, che vivono tutti insieme in appartamenti colorati e accoglienti (assegnati loro a un prezzo impossibile per chiunque, da un semplice espediente narrativo), che straboccano di cibo che non fa mai ingrassare nessuno. Abitati da personaggi profondamente immaturi che evolvono e crescono senza mai dover affrontare un giorno di psicoterapia; antagonisti che non perdono mai una battaglia ma, se anche capita, la sconfitta viene attutita magistralmente dalla comprensione e dal supporto di una così sfaccettata e nutrita cerchia di amici che non basterebbe la fortuna di due vite per incontrare.

Non è realtà quella dei supermiliardari che vediamo intristirsi in ville e palazzi prestigiosi, dove anche il più tremendo dei reati si schiarisce al sole dell'amore e della generosità d'animo della famiglia. Biologica o meno, nemmeno importa.

E non è realtà quella degli amori fugaci, che si trasformano *sempre*, magicamente, in storie d'amore appassionato e profondo, promesso e mantenuto, senza nessuna fatica se non quella di essersi trovati al posto giusto, nel momento giusto.

Ci sono delle eccezioni, naturalmente, ma non sono queste che dobbiamo prendere come riferimento. Poiché il processo gratificante, psicologicamente coinvolgente, che rafforza il legame con il contenuto che stai consumando, fino a farlo diventare per te verosimile, è quello che ti ha portato fino a qui.

Ma verosimile non significa reale. Si tratta di un *gioco* molto pericoloso, perché tramite le tue esperienze *indirette* tu crei le tue *aspettative*. **E le tue aspettative influenzano profondamente la tua soddisfazione mentre provi e partecipi alle esperienze di vita reale.** Quando la vita reale non corrisponde alle rappresentazioni dalle quali hai tratto nutrimento (in modo inconscio), cominci a chiederti il perché della tua insoddisfazione e finisci ai due poli opposti: «È colpa mia, non valgo niente» o «È colpa degli altri, non troverò mai la persona giusta».

E allora ti chiedo: come ti fa sentire accorgerti che dentro di te potrebbe esserci confusione tra le esperienze che hai vissuto in prima persona e quelle che hai visto, letto o ascoltato? Come ti senti mentre pensi che, da qualche parte, potrebbero averti *fregato*? Che i tuoi standard e obiettivi potrebbero essere stati falsati? **E se questo avesse portato a non sapere, davvero, cosa sia l'amore?** A non averlo potuto riconoscere o *trattenere*? È frustrante e ingiusto.

Quello che ti serve allora è *libertà*. Libertà di discernere la realtà dalla fantasia, perché un conto è avere una visione, un sogno, e un conto è immaginare che ci sia sempre qualcosa di meglio là fuori, per tutti, tranne che per te. Credere che quello che hai da dare non sia abbastanza, solo perché finora hai potuto costruire unicamente paragoni impossibili, che ti fanno sentire *insufficiente*, una persona a metà.

E a chi potrebbe tornare utile una persona che sente di avere un vuoto da riempire, che pensa di dover cambiare per farsi amare, che è scavata e nutrita dai sensi di colpa e dalla paura di non farcela a non deludere tutti e sé stessa? Pensaci.

Tu cosa fai quando dentro di te si apre la voragine del dubbio di non trovare davvero nessuno? Che le tue scelte sono abbagli, che dovresti fare di meglio, che non hai rischiato abbastanza o aspettato abbastanza, che ti mancano il fascino o la bellezza o il denaro o l'opportunità per farcela? Mangi? Bevi? Compri? Fissi uno schermo?

Guardandoti nello specchio, il tuo volto si è ormai mischiato a quello di mille altre figure, di libri, film, canzoni e persone che conosci. Non riesci a capire più se nel riflesso ci sei tu oppure no. Istintivamente ti passi una mano sui vestiti, incroci le braccia. Anche la figura nello specchio lo fa. Sei a disagio. Il riflesso che vedi non ti fa sentire bene.

Lo strumento di marketing più potente di tutti è far sentire le persone sole e sbagliate, perché in questo modo è più semplice offrire loro "soluzioni" a portata di *click*. **Una persona bisognosa d'amore è utile a chi vende versioni verosimili dell'amore.** Se ti isolo, se ti metto a nudo e punto il dito contro di te, verso ciò che di te non mostri mai nemmeno allo specchio, poi posso farti credere che comprare qualcosa ti sia utile per mascherarlo di nuovo, dandoti l'illusione di poterti cambiare, anzi di poterti *sistemare*. Posso venderti tutto ciò che voglio, facendoti credere che ti serva per raggiungere quello che, ormai, pensi sia l'amore. Quella specie di amore rappresentato in tutti quei mondi, in tutte quelle storie, in tutti quei prodotti che ti hanno intrattenuto e, in parte, *allenato* alla vita.

Ma quello che vedi, leggi, ascolti non è amore, non potrebbe mai esserlo. Perché quello che vedi, leggi e ascolti non è una rappresentazione della realtà, bensì una rappresentazione del desiderio, del desiderio della realtà.

E, per questo, non può essere né realistico, né verosimile. Le rappresentazioni mediatiche, per quanto ben scritte, sono (con dovute, rare, eccezioni) volutamente prive di *complessità autentica*. L'autenticità (che è molto diversa dalla sincerità) è uno dei grovigli più intricati e sfaccettati dell'esperienza umana. Quante volte al giorno fai fatica a sentirti una persona *autentica*? In quanti rapporti provi la frustrazione di essere tutto tranne che una persona autentica, anche solo per farli funzionare? Pensa a quando cerchi di non deludere una figura di riferimento, pensa a quando vuoi evitare un confronto, pensa a quando provi vergogna e non vuoi manifestarlo. Pensa a quando hai paura. E, nella rappresentazione mediatica, tutto questo viene simulato, non dettagliato, per forza di cose, per questioni di spazio, di tempo. E quindi, non può esserci traccia d'amore, di vero amore. È presente qualcosa di molto meno complesso, ma altrettanto emozionante: legato alla pulsione, al movimento, alla ricerca, alla conquista e al godimento estemporaneo. Il desiderio. Il desiderio dell'amore.

Pensa a un film o a una serie tv o a un libro che contengano una storia d'amore. Scegline uno che ti è piaciuto. Non importa che finisca *bene* o *male*, non importa se i protagonisti restano insieme, se si lasciano, se si ritrovano, non importa nemmeno se vivono o muoiono. Non importa se sono ricchi o poveri, giovani o vecchi. Pensa alla loro storia.[*] Ebbene, quale che sia, come abbiamo detto, il modo nel quale è raccontata non si basa su un'interazione realistica tra esseri umani, anche se lo sembra, poiché è costruita attorno a un presupposto fondamentale, che nella vita non esiste: **quelle due persone, in un modo o nell'altro, volenti o nolenti, prima o poi, per sempre o per un solo istante, *devono* amarsi**. Per forza. La storia è scritta così. Quindi, se nella vita vera si fa fatica ad amarsi e a continuare ad amarsi, ebbene nelle storie no. Certo, vi sono degli ostacoli, ma sono messi lì apposta. Perché il presupposto di tutte le storie d'amore è uno e uno soltanto: *si ameranno*. Non importa come, non importa quando o quanto i protagonisti o gli antagonisti ci metteranno ad accorgersene, né per quanto terranno vivi i loro sentimenti,

---

* Da qualche parte, *lì dentro*, c'è un *pezzetto* di te. Un'analogia con qualcosa del tuo passato o del tuo presente, una similitudine con qualcosa della tua scala valoriale o con un desiderio che hai. Un sogno, un momento, una delusione, un dolore. Uno sguardo, un nome, un soprammobile, una famiglia (o l'assenza di essa), un gesto, un bacio, una promessa, un tradimento. Qualcosa di te, lì dentro, c'è. Può esserti molto utile farci caso.

né se la loro sarà una relazione sana o disfunzionale, né se avranno conti e bollette da pagare, malattie, decessi, figli, guerre, pianeti contrari o meno: si ameranno. È così perché lo dice la storia. Lascia che te ne racconti io una.

Nel 1998-1999 (negli Stati Uniti e poi in tutto il mondo) vanno in onda le prime due stagioni di quella che, a oggi, è considerata la pietra miliare della lunga serialità per adolescenti (il genere oggi rinominato YA, Young Adult). Quella serie tv – al tempo le si chiamava telefilm –, progressista ed evoluta, affrontava tematiche sull'adolescenza generalmente trattate in modo superficiale da questi format, prendendo spunto dall'approfondimento sui giovani che in quegli anni si faceva solo al cinema.

La serie della quale ti sto parlando è *Dawson's Creek*. Ebbene: dal primo minuto della prima puntata della prima stagione, tutti sappiamo benissimo che il protagonista (Dawson) e la sua migliore amica d'infanzia (Joey) prima o poi si metteranno insieme e, in queste prime due stagioni, dopo una serie di tira e molla, in effetti questi due personaggi si baciano e provano ad avere una relazione.

In una delle prime puntate della prima stagione, però, Katie Holmes, l'attrice che interpreta Joey, e Joshua Jackson, l'attore che interpreta Pacey (il turbolento migliore amico di Dawson), passano qualche ora insieme per svolgere un compito di biologia e gli autori (insieme a tutto il resto del mondo) si accorgono subito che la chimica tra i due attori è evidente. Alla fine della seconda stagione, durante una riunione di storytelling, gli autori principali della serie scrivono sulla lavagna questa frase: «*Joey & Pacey kiss*» (Joey e Pacey si baciano).

Gli autori non sapevano ancora come sarebbe andata la storia, non sapevano come avrebbero preso quella strada né come avrebbero portato i personaggi a quel punto; sapevano però che non avrebbero dovuto cercare nel cuore e nei pensieri di Joey e Pacey per condurli al sentimento più trasformativo di tutta l'esperienza umana, ma sarebbe bastato mettere in scena quello che già esisteva: la chimica tra gli attori.

Colta infatti quell'intesa scaturita in modo naturale, hanno semplicemente preso una decisione: quei due personaggi si sarebbero baciati, sarebbero stati attratti l'uno dall'altro e qualcosa avrebbe fatto *click*. Lo fecero, dando vita a una delle storie d'amore più significative della tv per giovani adulti. Hanno costruito un mondo intorno a quei due personaggi: ostacoli, nemici (interni ed esterni), montagne emotive da scalare, incendi di passioni e sfide all'apparenza insormontabili, strade, viuzze, sentieri e percorsi da attraversare (per loro e per gli spettatori), fino al lieto fine.

Riflettici un attimo: quanto sarebbe più semplice la tua vita se, da fuori, qualcuno vedesse tra te e un'altra persona una buona chimica e costruisse per voi una traccia, magari fitta e impervia, ma comunque battuta, da seguire per arrivare all'amore, al vero amore, all'amore perfetto, poiché *deciso a priori*?

Capisci quello che ti voglio dire? La tua razionalità, leggendo queste parole, ovviamente è attenta e vigile, e trova scontato che una storia d'amore narrata possa svilupparsi anche così, ma tu, quando fruisci di un contenuto fatto apposta per te, che serve a coinvolgerti e distrarti dal mondo, non sei sempre nel pieno possesso di tutta la tua lucidità, anzi. Se il contenuto è ben fatto, ti lasci andare, ti emozioni e ti porti a casa proprio quell'esperienza così gratificante di aver visto un amore nascere sotto i tuoi occhi e arrivare a compimento.

Di chi era allora il desiderio dell'amore? Tuo o di Pacey e Joey? Il dannato eternamente da salvare e la brava ragazza per sempre goffa, inconsapevole di possedere un corpo e un viso da copertina che, contro il giudizio di chiunque, veleggiano al tramonto verso un'estate che tutti avremmo voluto vivere, almeno una volta nella vita.

Nelle storie d'amore non succede mai che si faccia fatica *ad amarsi*.

Pensa a *Revolutionary Road*, il film del 2008 con Kate Winslet e Leonardo DiCaprio,* oppure a *Storia di un matrimonio*, del 2019, interpretato da Adam Driver e Scarlett Johansson. Questi vorrebbero essere due film di successo dove i protagonisti fanno fatica ad amarsi.

Dico *vorrebbero essere* perché non è mica vero. Entrambi

---

* Film che, ne sono convinta, è stato girato solo per darci la prova, una volta per tutte, che Jack e Rose, scesi dal *Titanic*, non avrebbero avuto molto da dirsi.

ci raccontano la miseria: nella relazione, nel tradimento, nell'alcol come espediente alla vita, nell'impossibilità di coniugare i propri desideri con la realizzazione della famiglia. **Non sono due coppie che lottano per stare insieme, sono due coppie di persone che non si amano e lottano per essere viste in quanto esseri a sé stanti, disgiunti, unici.** Lo fanno attraverso le tante bugie alle quali anche noi, a volte, siamo disposti a ricorrere, per cucirci addosso la rassicurante etichetta di moglie, marito o partner, che indossiamo in bella vista quando usciamo nel mondo. Per delimitare quello spazio che abitiamo ma che, a volte, è stato qualcun altro come la società, la famiglia, i giudizi o la paura, a decidere che fosse giusto per noi.

Quelle due non sono storie d'amore: raccontano invece di persone che cercano di conquistare loro stesse e che, per convenzione e per caso, sono finite a stare insieme e ci sono rimaste. Quando invece parliamo di quelle che dovrebbero essere *vere* storie d'amore, ebbene i protagonisti non fanno fatica ad amarsi, perché (come abbiamo detto) tutto condurrà alla loro unione, in un modo o nell'altro. Nelle storie d'amore, i protagonisti, quelli che si devono amare, come ostacolo interno peggiore, al massimo, si ritrovano ad amarsi *troppo*.

Che fastidio questo modo di dire, non trovi? Ma che vuol dire amarsi *troppo*? Come quando si mangia il gelato troppo in fretta e viene mal di testa. O quando piove troppo per andare al mare.

Un sentimento può essere disfunzionale, doloroso, deleterio: ma non esiste troppo sentimento,[*] come non ne esiste troppo poco; al massimo può esserci poco impegno, poca sensibilità, poca costanza. Ma queste cose con i sentimenti non c'entrano nulla (non preoccuparti, anche di questo parleremo più avanti). Anche quando il caso dei personaggi principali è che si *amino troppo*, in realtà, significa soltanto che entrambi (o perlomeno uno dei due) non vogliono confessare l'amore immenso che provano, non vogliono dar voce a quello che sentono, perché spaventati dalle conseguenze dei propri sentimenti: il dovere di cambiare, di accettare, di andare contro le proprie famiglie o il giudizio altrui.

Eccola, la fregatura: **l'amore, nelle storie d'amore, è l'unica cosa che a monte non viene messa in discussione**. Magari verrà messa in discussione nel prosieguo della storia, può darsi, esistono archi narrativi fatti così, ma a te non è di certo mai capitato (né mai capiterà) che, a prescindere, tu e l'altra persona sarete *destinati* (anche solo per un attimo) ad amarvi (vedi? Torna la ridicola ossessione per il destino). Questo è il desiderio dell'amore: una storia basata sulla certezza che, prima o poi, «visto che ci amiamo, ci trove-

---

[*] E quando i titoli di giornale scrivono: «La amava troppo per lasciarla andare» in realtà stanno scrivendo: «Sulla base di una società patriarcale e maschilista, l'ha ammazzata (e/o violentata) a sangue freddo perché non tollerava che potesse andarsene e lasciarlo, comportandosi (lei) da essere umano senziente e non da oggetto posseduto e (lui) da barbaro assassino/stupratore senza scrupoli».

remo». E tu, vittima incolpevole di tutte queste fandonie, raccontate per farti sentire la persona più sbagliata della Terra, tendi a credere che esista qualcuno che è *destino* per qualcun altro, e che quel qualcun altro, semplicemente, non puoi mai essere tu. Credere ciò inanella una delle catene più pesanti che porti. Un fardello di acciaio e dolore che non sai nemmeno di avere, sulle spalle, in tasca, in borsa, nei cassetti della biancheria, sul comodino e nella manica della giacca (quella dove, d'inverno, ogni tanto si ripone la sciarpa).

Ti guardi ancora una volta nello specchio, non vuoi più avere paura della tua immagine. Ti osservi, poggi lo sguardo sul viso che vedi riflesso, passi al collo, alle spalle, al resto del corpo. Non vuoi più detestarne alcune parti, non vuoi più pensare che ti manchi qualcosa. Non vuoi più fissarti nel credere, erroneamente, di dover essere sempre la stessa persona, da tutta la vita, o odiarti perché certe parti di te non saranno mai più come una volta o non lo sono mai state nel passato o non lo saranno mai nel futuro. Ti chiedi, guardando il tuo riflesso negli occhi: «Ma allora, cos'è l'amore?»

L'amore è *il divenire*.
E l'amore nella relazione?
L'amore nella relazione è il desiderio di *divenire*.
E l'amore nella relazione sentimentale?

Ecco. Quello è *il desiderio di custodire, e di avere un custode, nel e del divenire.*

Vediamo di togliere questo peso dalle tue spalle, quella sciarpa dalla manica della giacca, un pezzetto alla volta. Per farlo, abbiamo bisogno di capire per bene come funzioniamo, cosa succede dentro di noi quando proviamo sensazioni come eccitazione, desiderio, vicinanza, attaccamento e così via.

Dai un ultimo sguardo alla biblioteca, noti che c'è un sacco di polvere, ovunque. Prima non ci avevi fatto caso. Ti volti verso la porta, afferri la maniglia, la giri, esci e te la chiudi alle spalle.

Andiamo.

3

della scienza dell'amore

CREDERE alle frasi «Se è amore lo senti», «Se è *vero* amore lo senti» o «Se è la persona giusta per te, te ne accorgi dalla *pancia*» è una stronzata galattica.

Ci sono molte cose che provi quando ti innamori o credi di amare, quando leghi determinate esperienze e "segnali" all'amore. Ma *riconoscere l'amore*, inteso come essere in grado di distinguerlo dal resto, comprendere "di pancia"* che qualcuno sia la persona *giusta*, è un mito che conduce all'infelicità. È importante invece capire cosa esperisci quando ti innamori o credi di amare; quando, appunto, leghi determinate esperienze e "segnali" all'amore. Dobbiamo capire, di conseguenza, come funzioniamo, partendo dalle basi: la chimica e la biologia; alcune delle scienze che ci raccontano come siamo fatti noi esseri umani, nessuno

* Che espressione tremenda, come se fossimo chiamati a distinguere tra un broccolo e la nostalgia.

escluso. **Come funziona, biologicamente e chimicamente, l'esperienza che chiamiamo *amore*?**

La biologia dell'amore

La *regione* deputata alle emozioni è la parte del cervello chiamata sistema limbico: include amigdala e ipotalamo, i quali regolano le risposte emotive e i comportamenti legati all'amore. La responsabile del ragionamento e del giudizio, coinvolta nella valutazione delle relazioni e nel controllo degli impulsi emotivi, è invece la corteccia prefrontale.[*] Infine, l'area preposta al sistema di *ricompensa* è il *nucleo accumbens*, che si attiva durante l'innamoramento e ci fa provare quello che consideriamo *piacere*. **Il piacere, infatti, non è altro che una gigantesca, esplosiva, ricompensa.** Vediamo ora come operano queste zone e cosa vi avviene di preciso.

La chimica dell'amore

Quando sperimenti qualcosa di *gradevole* o *significativo*, per esempio vedere una persona che ti piace, il cervello

---

[*] Di questa regione ti ho parlato in lungo e in largo in *Tu non sei i tuoi genitori* (Sperling & Kupfer, Milano 2023), soprattutto per quanto concerne il suo sviluppo, che non termina prima dei (circa) 25 anni.

lo percepisce come uno **stimolo** positivo. A quel punto, l'area tegmentale ventrale (per gli amici VTA)* – una sorta di "centralina della felicità" – si considera ufficialmente *attivata* e, in risposta a questa attivazione, produce uno dei neurotrasmettitori più famosi: la *dopamina*. La dopamina è il neurotrasmettitore più di tutti legato al piacere e (appunto) alla *ricompensa*. Viene rilasciata nelle sinapsi (le connessioni tra i neuroni) e trasportata poi a diverse aree del cervello, in particolar modo al nucleo accumbens e alla corteccia prefrontale di cui sopra. È l'aumento della dopamina a essere associato maggiormente alle sensazioni euforiche dell'innamoramento. La dopamina si lega, infatti, ai recettori sui neuroni post-sinaptici **creando sensazioni di piacere, euforia e desiderio.**

Questo rilascio di dopamina rinforza il comportamento, portando la persona (tu) a ripetere l'azione che lo ha innescato. Un'azione che viene considerata a tutti gli effetti parte di un ciclo di *ricompensa* è, per esempio, cercare la compagnia della persona amata. In questo ciclo le esperienze piacevoli portano a ulteriori rilasci di dopamina, rafforzando il desiderio e l'attuazione di quei legami emotivi, influenzando, di conseguenza, il tuo comportamento per ottenerli.

---

* Parte del sistema limbico, è una piccola regione situata nella zona centrale del mesencefalo (o cervello medio), vicino alla base del cranio.

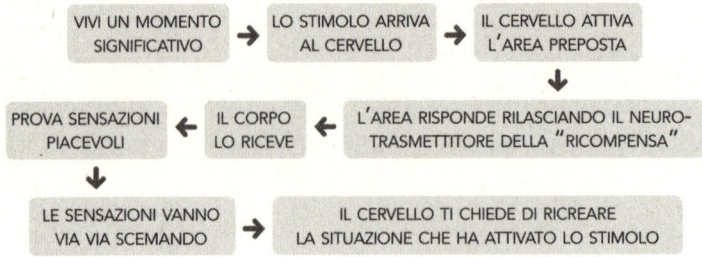

Il cervello ti indurrà a continuare a ripetere ciò che ti ha portato a questa attivazione: a cercare nuovamente lo stimolo perché il rilascio si ripeta.[*]

Quando si è innamorati ogni interazione (anche solo immaginata) con la persona amata può innescare un rilascio di dopamina, causando euforia e desiderio costante di vicinanza; le azioni come il contatto visivo, il toccarsi e la comunicazione affettuosa creano un forte legame emotivo. **Il rilascio di dopamina, quindi, non solo crea piacere, ma motiva anche a perseguire e mantenere la relazione rendendo il partner una fonte costante di gratificazione emotiva.** Questo meccanismo di rilascio e ricompensa della dopamina è alla base delle forti emozioni e dei comportamenti associati all'innamoramento e all'attaccamento romantico.

---

[*] La stessa *identica* cosa che succede quando bevi un bicchiere di vino, assumi una sostanza stupefacente o… usi i social network, passando da un contenuto all'altro. Nei primi due casi la risposta dopaminica è indotta da una sostanza esterna, nel terzo caso è indotta da un comportamento assuefacente.

Se ti trovi, per mille e uno motivi, in una relazione disfunzionale, sentendo piacere in presenza del partner o nel vivere insieme determinate situazioni, questo meccanismo biologico potrebbe ostacolarti nel concluderla e/o allontanarti. Non è di certo semplice mettere fine a una relazione quando tutto il tuo corpo è immerso in sensazioni che gridano: «Ottimo! Continua così! È questo quello che vogliamo!»

Oltre alla dopamina, sono coinvolte anche le *endorfine*, l'*adrenalina* e la *noradrenalina*. Le endorfine sono rilasciate durante il contatto fisico e l'intimità, e contribuiscono alla sensazione di benessere e comfort. L'adrenalina e la noradrenalina, invece, sono coinvolte nella risposta di eccitazione iniziale: aumentando la frequenza cardiaca e l'energia causano (tra le altre) le famosissime "farfalle nello stomaco" (ebbene sì, anche per loro c'è una spiegazione scientifica). Potresti aver sentito parlare anche dei cosiddetti "ormoni dell'amore": *ossitocina* e *vasopressina*. L'ossitocina promuove il legame e l'attaccamento, e viene rilasciata durante l'intimità fisica; la vasopressina, invece, è associata alla monogamia e alla fedeltà. Devi considerarla una sorta di *colla emotiva* che aiuta a mantenere uniti i partner, rendendoli più protettivi e fedeli. Oltre a essere coinvolta nella regolazione di diverse funzioni corporee, come la gestione dei livelli di acqua nel corpo e la pressione sanguigna, è fondamentale nei comportamenti sociali e nei legami di coppia. I recettori della vasopressina, infatti, influenzano il modo nel quale interagiamo con gli altri e il *legame emotivo* che sperimentiamo.

Pensa che alcuni studi sugli animali – in particolare sui maschi dei roditori[*] – hanno mostrato che la vasopressina aumenta durante l'accoppiamento e durante la cura della prole. **Gli individui (tra i roditori) con livelli più alti di vasopressina, e con una maggior densità di recettori, hanno teso a formare legami di coppia più forti e a mostrare comportamenti di difesa dei propri partner.** In parole povere, la vasopressina è un ormone che aiuta a creare e mantenere i legami di coppia. In particolare, può avere un effetto significativo nel renderci più propensi a rimanere fedeli e a proteggere i nostri compagni di vita.

La vasopressina, quindi, contribuisce a rafforzare il legame emotivo tra i partner, per rendere più probabile che rimangano insieme e siano fedeli tra loro. Aumentando i comportamenti protettivi verso il partner (e la prole), **favorisce la monogamia come strategia di cura.**

Un altro neurotrasmettitore coinvolto nei processi chimici legati alla sensazione dell'amore, del quale probabilmente avrai sentito parlare, è la *serotonina*. Questa è responsabile della regolazione dell'umore, dell'ansia e di altri processi cognitivi. Se la dopamina possiamo chiamarla "molecola della felicità" in termini di esaltazione, eccitazione e gioia, allora possiamo considerare la serotonina una

---

[*] Nello specifico, i cani della prateria.

"molecola del benessere" in termini di serenità, pacatezza, tranquillità.

Permettimi di riassumere così: la dopamina è la *tempesta*, la serotonina è la *quiete*.

Il 95 per cento della serotonina viene prodotta dall'intestino, il restante 5 per cento, invece, dal cervello. Essa influenza quindi sia il cervello che l'intestino stesso.[*] È un precursore della melatonina, l'ormone che regola il ciclo sonno-veglia. Aiuta a regolare l'arrivo della sonnolenza e quello del risveglio. Influisce sull'appetito e sulla digestione, regolando la motilità intestinale e influendo perciò su quanto, quando, come e cosa vogliamo mangiare.[**] La serotonina aiuta poi a mantenere l'umore positivo; come forse saprai, bassi livelli di serotonina sono stati associati proprio a stati depressivi e ansia. È coinvolta nella memoria e nell'apprendimento, e influisce sulla propensione all'aggressività e sulla capacità di gestire stress e relazioni. Influisce letteralmente su come ci comportiamo con gli altri e su come gestiamo le situazioni difficoltose. Si dice, infatti, che siamo più tolleranti quando ci sentiamo innamorati? Ecco. Durante l'innamoramento, però, i livelli di serotonina possono diminuire. **E la loro diminuzione può portare a pensieri ossessivi riguardo il partner.**

---

[*] Le problematiche psicosomatiche legate all'intestino ti dicono qualcosa?
[**] Quante volte hai sentito dire che gli innamorati, o coloro che si sono appena lasciati, non hanno fame? Ecco, è una diceria che ha delle basi scientifiche.

Ti starai chiedendo: «Scusa, Bea, ma in che senso? Non hai detto che è la *molecola del benessere*? Perché diminuisce?»

Ottima domanda. Perché, tornando alla nostra semplificazione, per esserci *calma* non può esserci *eccitazione*. Tutte quelle esperienze *mistiche* legate all'innamoramento, come la mancanza di fame, di sonno, di stanchezza, la sensazione di poter conquistare il mondo e scalare le montagne con un succo di frutta in mano, sono legate alla produzione di dopamina e alla conseguente riduzione della serotonina. La riduzione della serotonina, infatti, permette alla dopamina di avere un effetto più prominente, intensificando perciò le sensazioni di eccitazione e desiderio. Il tuo cervello dice più o meno questo: «Voglio ancora dopamina, dammi ancora dopamina». Ed è qui che, per ottenerla, il cervello fa una cosa: **aumenta la tua concentrazione sul partner.**

Alcuni studi hanno dimostrato che **durante le prime fasi dell'innamoramento, aumenta l'attenzione e la preoccupazione per la relazione attraverso pensieri intrusivi e ossessivi riguardo al partner**, proprio poiché i livelli di serotonina diminuiscono.[*]

Ok. Questo è il "pippone" tecnico, siamo tutti fatti così, vale per tutti. E allora dove sta la fregatura?

---

[*] La riduzione della serotonina potrebbe avere una vera e propria base evolutiva: un forte focus e attaccamento verso il partner aumentano le probabilità di proseguire la relazione (e la presenza di relazioni tende a far riprodurre la specie).

Tutto questo non ha un discernimento di tipo etico o morale, la chimica e la biologia non distinguono una persona buona da una meno buona, una *giusta* da una *meno giusta* per te. Il rinforzo, la ricerca, l'attivazione e così via, avvengono per *qualunque* tipo di relazione, non necessariamente all'interno di una relazione con una persona *perbene*. Per questo la frase «Se è *vero* amore lo senti» è una trappola. Poiché ti porta erroneamente a pensare che ciò che senti fisicamente per qualcuno avvenga in seguito a una sorta di selezione che il tuo "istinto" ha operato preventivamente per te, lasciandoti attrarre dai partner *migliori*. **Ma la chimica e la biologia, che regolano in parte le sensazioni che provi, sono in realtà profondamente intrecciate con ciò che avviene a livello psichico, e le tue scelte rispetto ai partner non sono solo biologiche, bensì mutuate dalle tue esperienze e da come (e quanto) le hai processate psicologicamente.**

Non è istintiva la scelta di un partner, non è istintivo l'amore. Poiché a innescare lo stimolo iniziale non sono né la biologia né la chimica, e nemmeno la parte cosciente e accessibile di te. C'è un luogo, dentro di te, dove un incontro con la persona A innesca lo stimolo che fa partire tutta la "giostra", e un incontro con la persona B no. In quel luogo risiede il personalissimo e unico significato che *tu* dai alla parola e all'esperienza chiamata *amore*.

Sei di nuovo in cammino sul tuo viale. Alla tua sinistra vedi ancora una lunga distesa di case ordinate

41

e pulite, e alla tua destra trovi di nuovo ghiaia, erba, alberi discreti, un bel gioco di luci e ombre e il sole che, in fondo, è sceso di poco nel cielo. Nel piccolo giardino di una delle case sulla sinistra, vedi poggiato a terra un pupazzo. Ti incuriosisci, ti avvicini, entri dal cancello, percorri velocemente il vialetto che conduce all'ingresso, sali i tre gradini di fronte a una porta blu scuro, e vi poggi la mano sopra. Non fa resistenza, la spingi, si apre ed entri. Subito un odore ti invade e ti riempie i pensieri: lo riconosci perfettamente. Non c'è tanta luce nella stanza, sembra che qualcuno stia per andare a dormire; noti un abat-jour, coperto da un piccolo telo di cotone leggero, che serve per smorzarne l'intensità. Accanto al comodino dove si trova la lampada c'è un letto, non molto grande. Ai suoi piedi vedi un tappeto colorato, anch'esso non molto grande. I tuoi occhi si abituano alla penombra, ti guardi intorno: vedi altri pupazzi, giocattoli, foto alle pareti, poster, un armadio con le ante spalancate, con all'interno appesi vestiti di tante taglie e colori diversi; sul soffitto, infine, sono applicate delle piccole stelline di plastica chiare, di quelle che si illuminano al buio. Questo luogo ti è stranamente familiare, così come l'odore che senti.

Come lo vivi tu l'amore? Che significato dai a questa parola? E a questa esperienza?

Nell'armadio intravedi un cassetto semiaperto, è di legno, di quelli con il buco davanti per infilarci le dita. Provi a tirarlo verso di te, sembra incastrato, insisti, provi con più forza.

Il concetto di amore si è sviluppato dentro di te sin dall'infanzia, influenzato profondamente da come le tue figure genitoriali si sono prese cura di te e ti hanno *accudito*. **Il loro accudimento: costante, incostante, appropriato, inappropriato, presente, assente, apprensivo, aggressivo e così via, è la prima forma d'amore che hai visto e vissuto.** Per esempio: se un bambino piange e viene rassicurato rapidamente, è più probabile che sviluppi un senso di sicurezza e di fiducia nei confronti di sé stesso e dell'Altro, nell'ottica di un potenziale amor proprio e di un'unione relazionale futura. Al contrario, un bambino lasciato piangere fino a *spegnersi** impara che i suoi bisogni non verranno soddisfatti, sviluppando (per cavarsela da solo) difese protettive funzionali alla sua sopravvivenza, ora che è un neonato, ma rigide e disfunzionali nelle relazioni un domani, da adulto. Da adulti, purtroppo, ci si dimentica di passare in rassegna le proprie difese, e le si usa automaticamente anche quando non servono più.**

---

* I bambini si addormentano nei luoghi rumorosi non perché "sono tanto buoni" ma perché non hanno altro modo per cercare di sopravvivere che bloccare fuori di sé ogni stimolo e rumore. Non si addormentano, si spengono.
** Ho scritto un intero libro su questo tema: *Tu non sei i tuoi genitori*, cit.

Coloro che si sono occupati di te, in ognuna delle loro azioni, hanno creato per te una serie di ricordi (che sono, a oggi, per la maggior parte, non richiamabili alla memoria) legati ad altrettante esperienze emotive che hanno formato "la base" del tuo modo di amare e del tuo modo di gestire il bisogno dell'Altro.

Per tutti i neonati, infatti, l'amore, all'inizio, si può esperire *solo* come un bisogno. **Senza l'amore delle figure di riferimento, con le quali coltivare un rapporto esclusivo, purtroppo i bambini non possono sopravvivere.** Non è un modo di dire, è vero in senso letterale. Lascia che ti spieghi.

Ci troviamo agli inizi del XX secolo. In quel periodo la mortalità infantile negli orfanotrofi e negli istituti minorili è estremamente elevata. Nel 1915, il pediatra Henry Dwight Chapin osserva che negli istituti americani la mortalità dei bambini nel secondo anno di vita varia tra il 32 e il 70 per cento. In alcuni casi, come a Baltimora, il tasso raggiunge il 90 per cento nel primo anno di vita, e in un istituto di Filadelfia arriva addirittura al 100 per cento.

Questo fenomeno, definito "ospedalismo", è inizialmente attribuito a malnutrizione, infezioni o altre cause organiche. Tuttavia, nonostante i miglioramenti nelle condizioni igieniche e alimentari, la mortalità rimane alta. Harry Bakwin (anche lui pediatra e professore della New York University) descrive i sintomi dei bambini affetti da ospedalismo come «indifferenza, deperimento e pallore, relativa immobilità, quiete, mancanza di risposta agli stimoli come un sorriso o un vagito, appetito indifferente, l'assenza del corretto aumento di peso nonostante l'ingestione di cibi che, in casa, sono del tutto adeguati, feci frequenti, scarso sonno, una comparsa di infelicità, predisposizione a episodi febbrili, assenza della tendenza alla suzione».

Con il tempo, si scopre che i bambini ospedalizzati migliorano quando ricevono più cure e contatto fisico dalle infermiere, o quando sono affidati a genitori adottivi. Questo suggerisce che non solo le difficoltà organiche, ma anche la carenza di stimolazione sensoriale e affettiva contribuiscono ai disturbi dell'accrescimento. **Attività come accarezzare, baciare e coccolare un neonato, oggi considerate essenziali, erano spesso sconsigliate dai pediatri del tempo per preservare la salute dei piccoli da possibili malattie.***

Luther Emmett Holt, nel suo influente libro *The Care and Feeding of Children*, raccomandava di limitare il contatto fisico con i neonati al fine di evitare infezioni. Questo approccio insisteva su un'attenzione maggiore alla prevenzione delle malattie infettive rispetto alle necessità emotive dei bambini che, allora, non erano assolutamente chiare. Fu infatti René Spitz, uno psicoanalista austriaco naturalizzato americano, a documentare sistematicamen-

---

* Che questo basti a iniziare a mettere in dubbio tutto un certo tipo di genitorialità oltremodo antiquata e superata.

te gli effetti devastanti della deprivazione genitoriale ed emotiva.

Spitz osservò due gruppi di bambini: uno cresciuto in orfanotrofio con scarsi contatti affettivi e uno in prigione con le loro madri. All'età di un anno, i bambini dell'orfanotrofio mostravano ritardi nello sviluppo intellettuale, erano meno curiosi e giocosi, e più soggetti a infezioni rispetto ai bambini cresciuti con le madri in prigione. Un concetto chiave emerso dalle ricerche di Spitz (e altri) è che i bambini possono letteralmente morire di "fame di contatto". Anche se nutriti correttamente, la mancanza di interazioni affettive può portare a gravi ritardi nello sviluppo e a un aumento del tasso di mortalità. Spitz documentò che, dopo tre mesi di carenza di contatti, i bambini sviluppavano apatia, ritardo motorio e altre problematiche gravissime. Entro il secondo anno di vita, il 37 per cento dei bambini osservati da Spitz morì nonostante fossero stati alimentati correttamente. Il 37 per cento sono quasi 4 bambini su 10.*

Senza l'amore genitoriale, i bambini non possono sopravvivere.

* Oggi è ampiamente riconosciuto che il contatto fisico e l'affetto sono fondamentali per il sano sviluppo cognitivo, motorio e neuropsicologico dei bambini. L'assenza di cure adeguate può portare a disturbi significativi e a lungo termine. Gli studi di Spitz, insieme a quelli di altri ricercatori, hanno dimostrato l'importanza delle interazioni sociali per lo sviluppo dei bambini, contribuendo a una rivoluzione nell'approccio alla cura infantile. Le esperienze storiche e le ricerche moderne concordano sul fatto che i bambini necessitano di molto più che cibo e cure fisiche per crescere sani; hanno bisogno di affetto, stimolazione sensoriale e contatto umano per svilupparsi completamente.

Che cosa succede se, nonostante le difficoltà, sei riuscito a sopravvivere ma il tuo concetto di amore si è sviluppato in un ambiente *spregevole*? Che cosa succede se le tue figure genitoriali ti hanno malmenato o sono state assenti? E se sono state violente, o ambivalenti, sminuenti, iperprotettive, incapaci di darti fiducia, ipercritiche, si sono messe in competizione con te, ti hanno cresciuto a pane e sensi di colpa o sono state del tutto irrispettose del tuo corpo o delle tue emozioni, esperienze e pensieri? Che cosa succede se il modo nel quale hai imparato l'amore è stato tutto fuorché sano? **Che cosa succede se la voce che parla di te, che hai dovuto fare tua per accettare che quella di tua madre fosse plausibile, e che ti dice che non sei abbastanza, che non vali abbastanza per venire amata come persona, è ora diventata la tua voce interiore?**

> *Cominci ad agitarti. Non riesci ad aprire il cassetto, ma vorresti. Fa caldo in questa stanza, c'è odore di chiuso. Cerchi con lo sguardo una finestra, vorresti far entrare un po' d'aria, ma non la trovi. Ti fa male un polso, i piedi sono puntati sul pavimento e i polpacci tirano. Ti accorgi di stare ancora facendo forza.*

Prendi un respiro, ti devo dire una cosa importante: non vogliamo colpevolizzare nessuno. Ti ricordi? Non c'è giudizio in queste pagine. **Non stiamo parlando male della tua famiglia**, stiamo facendo delle ipotesi. Stiamo prendendo in considerazione ciò che potrebbe esserti accaduto, e se questo abbia potuto influenzare le tue esperienze. Se ora ti senti in colpa, o senti salire la rabbia, prendi un altro respiro, più profondo questa volta.

Il cassetto scatta leggermente verso di te, riesci a vederne l'interno. Ci sono dei pezzi di vetro, rotti. Una tazza della colazione sbeccata, delle figurine, delle vecchie fotografie, dei lacci delle scarpe spaiati, una vecchia cuffia da piscina, un paio di cuffie col filo, un elastico, un pezzo di spago, ci sono polvere e sabbia, un sasso, una foglia, una boccetta con dentro un po' d'acqua e un tappo di sughero mezzo smangiucchiato.

Crescendo, durante la tua infanzia, **hai imparato a cercare l'amore e l'approvazione delle tue figure genitoriali attraverso comportamenti che credevi ti garantissero il loro affetto**. È così che funzioniamo, lo facciamo tutti. Ma, se sei cresciuto in un ambiente complesso, questo potrebbe averti portato a sviluppare difese molto rigide, con le quali hai *combattuto la vita*, difese psicologiche profonde che ti hanno strutturato nell'affrontare sfide, solitudini e relazioni. Difese che magari ti hanno fatto credere, da allora, che l'unico modo per essere amati sia accontentare gli altri.

Queste difese, inizialmente funzionali per sopravvivere emotivamente, potrebbero essersi poi irrigidite nel tempo, diventando automatiche, usate anche quando non ne avevi bisogno. Per esempio, se i tuoi genitori ti hanno fatto credere di amarti solo quando soddisfacevi le loro aspettative, potresti aver vissuto credendo che per essere meritevole d'amore, fosse necessario essere *sempre* utile agli altri, che solo così avresti potuto ottenere anche la più piccola e pallida attenzione. Oppure se, per esempio, la tua figura primaria di riferimento ha avuto con te un comportamento evitante o di disprezzo, potresti sentire attrazione verso individui che rinforzano una visione negativa di te. **Il modo in cui oggi percepisci e interpreti l'amore è strettamente legato alle tue prime esperienze con esso, dove *esso* non è come hai amato ma come *ti hanno amato* e hai potuto, con i tuoi mezzi, *reagire* all'amore.**

Il cassetto è profondo, vuoi vedere cosa c'è anche nella parte più interna, lo strattoni e si apre ancora un po'. Ci vedi dentro due mozziconi di matita, un pacchetto di sigarette vuoto, un ombretto blu consumato, un profumo da uomo finito. Ci sono una tenda da cucina, la fodera del cuscino di un divano, macchiata.

Le difese che hai sviluppato servono a proteggerti dal dolore e dall'angoscia, ma possono anche limitare la tua capacità di costruire relazioni dove sentirti a tuo agio.

Se hai vissuto in un ambiente amorevole e supportivo, probabilmente sei in grado di riuscire a scorgere l'amore quando ti si presenta, come qualcosa di positivo e rassicurante. Al contrario, se l'ambiente è stato instabile (o addirittura abusante), i luoghi dove sei in grado oggi di vedere e trovare amore sono quelli ricolmi di sentimenti di falsa sicurezza e paura. In ogni caso, senza accorgertene, **c'è una grandissima possibilità che tu possa cercare partner che rispecchino dinamiche famigliari a te conosciute.**

È essenziale comprendere che le tue reazioni emotive e le difese che hai sviluppato non sono solo il frutto di esperienze negative, ma anche di come **hai interpretato e reagito a quelle esperienze.** I genitori, con le loro azioni e reazioni, trasmettono ai figli non solo comportamenti, ma anche *modelli emotivi.* Questi modelli possono essere tanto profondi da diventare parte integrante della tua personalità, influenzando ogni aspetto della tua vita, compreso il modo in cui ti relazioni con gli altri e gestisci l'affetto.

Inoltre, tu non hai reagito solo a come ti amavano, hai reagito anche a come si amavano tra loro.

Quando i genitori mostrano amore, rispetto reciproco e capacità di risolvere i conflitti in modo sano, i figli apprendono che le relazioni possono essere un luogo sicuro e gratificante. Questi bambini tendono a sviluppare una visione positiva delle relazioni, aspettandosi da adulti di trovare partner che li trattino con lo stesso rispetto e affetto. Sono più propensi a costruire relazioni basate sulla fiducia e su una reciprocità virtuosa.

Se i genitori hanno una relazione caratterizzata da conflitti frequenti, ostilità o violenza, i bambini possono sviluppare una visione negativa delle relazioni. **Possono imparare che le relazioni sono fonte di stress e dolore, che sia una caratteristica intrinseca del rapporto, imprescindibile. Portandoli nella migliore delle ipotesi a evitare relazioni intime e, nella peggiore, a ricreare dinamiche conflittuali nei loro rapporti per trovarsi unicamente in situazioni relazionali che credono di saper gestire.** Questi individui possono lottare con l'autoregolazione emotiva (visto che nessuno gliel'ha mai insegnata e i genitori stessi non avevano idea di come applicarla) e avere difficoltà a mantenere relazioni stabili e soddisfacenti.

In situazioni in cui i genitori sono emotivamente distanti e freddi l'uno con l'altro, i bambini possono **imparare a considerare le relazioni come transazionali e prive di calore emotivo.** Questo può portare a difficoltà nel riconoscere ed esprimere emozioni, influenzando negativamente la capacità di formare legami emotivi profondi. **Sono coloro che appaiono indipendenti, freddi o distanti nei rapporti, e che invece stanno solo lottando per costruire connessioni significative delle quali non conoscono davvero il meccanismo.**

Infine, quando i genitori mostrano amore ma hanno una relazione nella quale uno dei due partner è eccessivamente dipendente dall'altro, i bambini possono sviluppare una visione distorta dell'equilibrio relazionale. **Possono imparare a vedere la dipendenza emotiva come normale e addirittura desiderabile, il che li porta a cercare partner**

con cui sviluppare relazioni simbiotiche. Si avvicinano a relazioni dove non hanno autonomia, dove vengono controllati, dove non possono prendere decisioni, oppure, al contrario, agiscono (spesso in modo manipolatorio) cercando di fare di tutto perché il partner senta di non potercela fare senza di loro.

Quanto più sei stato testimone di relazioni di dipendenza, tanto più sarà probabile che la combatterai o vi soccomberai.

È inutile dirti che tutte queste situazioni non si escludono a vicenda e possono invece coesistere in un nucleo famigliare, unito o disgiunto che sia stato, nel tempo dalla tua nascita in poi.

> *C'è un urlo, che sembra venire dal cassetto, c'è un dolore, che senti dentro i polsi, e sulle guance, che ora ti bruciano. C'è una cintura. La pagina strappata di un quaderno, un diario di scuola.*

La familiarità di questi schemi, sebbene dolorosa, offre una sorta di comfort prevedibile. Questo, di nuovo, perché in amore si *collude*. **La collusione si verifica quando due persone si attraggono e si legano, non solo (o affatto) per le loro qualità positive, ma per le loro ferite emotive complementari.** In altre parole, ciascuno vede nell'altro la possibilità di *risolvere* problemi incisi nel proprio passato. È una sorta di "patto inconscio", dove le parti coinvolte accettano di giocare ruoli che rispecchiano le loro paure e vergogne più profonde. E non c'è niente di male, in teoria, anzi. In un modo o nell'altro dobbiamo prima sopravvivere e poi cercare, si spera, di essere felici; quando vogliamo farlo in compagnia di qualcun altro, cerchiamo un modo di incastrarci, per essere *utili* nella relazione.

Non è un meccanismo scorretto, non è una cosa sbagliata a priori, ma averne consapevolezza significa liberarsi di un grande fardello: credere che sia una colpa trovare i partner peggiori o non riuscire a trovarne affatto. E invece no, è un meccanismo alla base di noi esseri umani: **colludiamo cercando di migliorare**. È una sorta di *evoluzione relazionale*: se tu non sai disegnare ma sai parlare, o viceversa, io ti ascolterò e tu mi osserverai. Insieme creeremo un'entità che sa comunicare. Una casa costruita con pezzi rotti di mattoni che abbiamo potuto saldare, insieme. Dovessimo mai avere un figlio, da noi imparerebbe a dire al mondo chi è, non importa se con i colori o con le parole.

Ma c'è un problema. Quando gli incastri si formano su pezzi di noi non solo rotti, ma anche gretti e sofferenti, ai quali magari non è mai stata data attenzione, o di cui non si è capito bene come prendersi cura, invece di una casa si costruirà una gabbia, che altro non potrà arrecare se non ulteriore dolore e sofferenza ai suoi abitanti.

Dipende, quindi, da quanto sono profonde queste ferite, da quante parti di te sono in comunicazione le une con le altre. Quanto tieni nascosto, quanto non ricordi, quanto agisce dentro di te mentre non te ne accorgi. Quanto sono rigide le tue difese? E, ovviamente, la stessa cosa vale per il partner.

Ancora un esempio: una persona che ha vissuto con genitori critici potrebbe inconsciamente scegliere un partner altrettanto critico, cercando di ottenere l'approvazione mai avuta dalle figure genitoriali, o nello sforzo inconscio di lasciarsi punire, per esperire la colpa di non essere abbastanza per le proprie figure genitoriali e, ciclicamente, "stancarsi" e cercare altro o lasciarsi abbandonare e dover trovare altro, per confermare la propria inettitudine. La voce che hai dovuto ascoltare per tutta la vita, non è un caso che ora suoni nella tua testa. Si dice che una ragazza (per esempio) sia crudele con le altre ragazze perché ha avuto una madre crudele. Sì e no. Non è che lei imiti la voce di una madre critica, né l'ha imparata e quindi la ripropone. Un tessuto famigliare che ti ha fatto soffrire dovrebbe portare (in teoria) a comprendere meglio il dolore altrui. Ebbene, quando dico che senza l'amore delle figure di riferimento i bambini non possono sopravvivere, intendo anche questo: tu, per sopravvivere, hai letteralmente dovuto attingere dall'amore di quella figura genitoriale anche se il suo modo di prendersi cura di te era orribile. Quel tipo di *amore* lo hai dovuto giustificare, accettare. Quindi, quella voce criticante hai dovuto farla tua, l'hai interiorizzata perché smettesse di farti paura, per dire (a te e agli altri): «Non è sbagliata, ha ragione, anch'io mi dico queste cose, perché sono vere». **È così che si porta con sé la voce di chi ci ha offeso, credendola vera.**

Quando in un rapporto, in collusione, finiscono le parti peggiori di noi stessi, magari lesive, autolesioniste, sminuenti (come quella voce), aggressive, violente, colpevoli, questo porta a ripetere schemi di sofferenza, rendendo non solo difficile uscire da una relazione dolorosa ma *riconoscendola* come tale, fino a creare un mix a dir poco distruttivo. Invece di una casa creata con mattoni rotti, tu e il tuo partner costruirete un capanno di legna tenuto insieme dalla benzina, e prima o poi un litigio lo manderà a fuoco con uno di voi (o entrambi) dentro.

Stai cominciando a sentire la testa troppo pesante, il caldo inizia a essere per te insopportabile, vuoi andare via. Le dita della mano ti sembrano incastrate nel buco del cassetto, provi una frustrazione profonda.

Quello che senti quando colludi non è amore, è qualcuno (o l'idea di qualcuno) che, per un intreccio di significati e chimica, percepisci come compagno, in quel determinato momento.

Non hai una bacchetta magica per comprendere che la persona giusta è quella, e le sensazioni che provi, di certo, non sono una bussola. Quando incontri o pensi a qualcuno che ti interessa, sei tu (involontariamente) a dire al tuo cervello che quell'interesse esiste, facendo sì che "lui" (il cervello) si comporti di conseguenza. Non è, quindi, il tuo cervello (o peggio la pancia o altre parti del corpo) a dirti che la persona che hai scelto è quella giusta. Le sensazioni che provi nei confronti di qualcuno non sono il termometro per la buona riuscita di una relazione.

Hai quindi ora in mano diverse verità: quella biologica e chimica, che ti dice cosa succede "a fior di pelle", quando senti l'amore; quella psicologica, che ti spiega come potrebbe essere nata dentro di te la pulsione delle tue scelte in campo sentimentale; e quella sociologica – che abbiamo affrontato nel capitolo precedente –, che ti dice come potresti confondere il desiderio dell'amore con l'amore stesso.

E forse adesso hai anche una parola in più per spiegare cosa sia l'amore: abbiamo detto che l'amore, infatti, è *divenire*.

Non si può sentire se è amore per davvero. Perché, essendo *divenire*, l'amore non può essere finché non è. L'amore è il *divenire* perché l'amore non esiste finché non lo si fa.* **Se credi di sentirlo, è perché stai dando alle tue sensazioni un cassetto dove stare.** Un cassetto che porti con te, con il quale misuri tutte le tue relazioni. È sempre con te, pesante da aprire e nel quale ti si incastrano le dita. Gli oggetti che contiene fanno da paragone, da molla, da

---

* Quel genio di Marco Ponti nel suo film *A/R Andata + Ritorno* fa proprio dire a Libero De Rienzo e Vanessa Incontrada: «L'amore non esiste». «È per questo che lo facciamo.»

motore, e ti spingono in avanti. Ci custodisci il pensiero, a volte la certezza, a volte la paura, che qualcuno per te, giusto per te, ci sia, che sia la persona con la quale stare, che sia quella che incontrerai, che fosse quella con la quale non stai più o non c'è più, per uno e mille motivi. Il motore, la spinta, la molla che a volte, però, diventano anche corda e guinzaglio, e ti trascinano in case che tutto sono tranne che giuste per te. Perché? Perché è una chimera quella che insegui. Non esiste nessun istinto che ti protegga dal fare le scelte sbagliate in amore, semmai è esattamente il contrario.

Non ti perdi d'animo. Chiudi gli occhi per un attimo, prendi un profondo respiro, ti passi il dorso della mano libera sulla fronte e trascini via un po' di sudore. Ti ricordi che tutto quello che c'è nel cassetto non deve per forza rappresentarti, non più. Sei qui per questo. Sciogli le dita della mano che lo tiene e riesci a sfilarle. Apri gli occhi, ti giri verso la porta, ruoti la maniglia ed esci. L'aria fresca ti invade, senti le gocce di sudore asciugarsi e provi un piccolo brivido. Respiri a pieni polmoni. Scendi i tre gradini e attraversi di corsa il vialetto. Respiri ancora, l'aria è magnifica. Il sole è basso all'orizzonte, è quasi ora del tramonto. Prima di andartene, dai un ultimo sguardo al pupazzo per terra. Provi tenerezza per lui, ma sai che non puoi farci nulla. Quella non è la tua casa, non più.

Rimettiamoci in cammino.

4

del desiderio dell'amore

parte seconda

IL **desiderio di qualcosa, dentro di te, la fa già esistere.**[*]
Dentro di te, non fuori, non nella vita con la quale
ti scontri, bensì in quella che abita i tuoi pensieri, i tuoi
modi di affrontare il cammino ogni giorno: **un desiderio
(non solo quello dell'amore) rende una cosa *quasi* vera.**
E più ci pensi e più quella cosa si arricchisce di dettagli,
di significati, di speranza, di aspettative. E come fai poi a
non considerarla vera?

Immagina se tu volessi un computer nuovo, che ti ser-
virebbe per realizzare un sogno (*un desiderio nel desiderio*,
pensa che potenza enorme), o un dispositivo elettronico
che useresti per mettere alla prova certi tuoi talenti. Una
macchina fotografica, per esempio, con la quale potresti

---

[*] Su questa realtà psicologica gente senza scrupoli, ma con molto fiuto per
gli affari, ha costruito quella enorme panzana della «visualizzazione» e «manifestazione». Non ci cascare.

dar vita al tuo punto di vista. O un elettrodomestico, che renderebbe la tua vita meno faticosa. Immagina di voler fare un viaggio, che ti riempirebbe gli occhi di meraviglia. Immagina di volere tanti libri, per esplorare la tua storia, come stai facendo ora, o quella degli altri, in posti anche lontanissimi, reali o immaginari.

Immagina quello che vuoi, immagina di pensarci ogni giorno, a volte senza nemmeno accorgertene, mentre prendi la metro o ti distrai o ti lavi o ti vesti o ti occupi di qualcosa. Immagina quante volte hai visto dentro di te l'oggetto del tuo desiderio, quante volte l'hai potuto rimirare, riempire di dettagli. Decidere che odore avesse, che esperienza sarebbe poterlo consumare, come ti potrebbe cambiare. Quanti particolari riusciresti a immaginare? E quante emozioni legheresti a quel desiderio? Quanto di tuo trasferiresti proprio *lì*?

A quel punto, come potremmo dire che non è reale? Una cosa così importante per te, così preziosa e che ti accompagna da così tanto tempo. Forse non potremmo. **E quindi sì, i desideri, dentro di te, esistono in un modo tutto loro, così potente da renderli, a volte, indistinguibili dalla realtà.**

E questo, finché il desiderio non è rivolto verso un altro essere umano, non ha granché bisogno di essere messo in discussione. Desiderio *tuo*, scelte *tue*, sogni *tuoi*, vita *tua*. Tutto chiaro.

Ma immagina ora cosa succederebbe se il desiderio

dentro di te riguardasse una persona, se fosse il desiderio di avere un'altra persona o di cambiare qualcosa dentro un'altra persona. **Una persona che, proprio perché nasce nel tuo desiderio, non importa nemmeno che esista davvero.**

Finirebbe che ti importerebbe solo di infilare, dentro la prima persona che incontri, tutto quello che hai da mettere a posto.

Facciamo allora finta, per un attimo, che tu abbia imparato, in un punto del tempo, che il modo per fermare le urla o le assenze dentro casa tua fosse "urlare" più forte. Come urla un bambino? Quando le urla non bastano o vengono fermate con un ceffone – intendo dire – come si ribella, come si fa sentire? Si *ammala*. Ha male alla pancia, va male a scuola, picchia un compagno, dimentica lo zaino, salta le lezioni. Immagina di averlo incontrato, questo bambino, ora che è adulto e ha imparato a vivere – senza sapere come – rompendo tutto ciò che aveva intorno, perché facendolo riusciva a fermare la violenza dei suoi genitori, che se la prendevano con lui e smettevano di prendersela tra di loro. Immagina di averlo guardato negli occhi, quel bambino, ora che è adulto, e di aver detto solo una cosa: «Ci penso io».

E ancora, facciamo finta, invece, per un attimo, che tu abbia imparato, in un punto del tempo, che il modo per fermare le urla o le assenze dentro casa fosse "ballare". O cantare o recitare o disegnare o avere bisogno di cure mediche o far ridere o risolvere equazioni difficilissime o ascoltare e consigliare. Avere imparato a vivere, senza capire come, aggiustando e cercando di rendere più bello tutto ciò che avevi intorno perché facendolo riuscivi a fermare l'assenza dei tuoi genitori, che ti guardavano e ti *vedevano* (o, se non altro, vedevano quella parte di te) quando avevi bisogno di loro. Immagina di averla guardata negli occhi, quella bambina, ora che è adulta, e di aver detto solo una cosa vedendola riflessa nello specchio: «Sì, ci penserà lei».

Questi due bambini si riconosceranno in mezzo a un milione di persone. La seconda, soprattutto, troverà il primo e proverà a "salvarlo", credendo di poter andare avanti nella vita senza mai volere o pretendere nulla per sé stessa. Dentro di lui metterà il desiderio di sistemare finalmente le cose, una volta per tutte. Perché "sistemare" gli altri, occuparsene, è il modo che ha trovato per farsi amare, è la difesa che ha sempre creduto la proteggesse dal mondo.* **Rendersi indispensabile è l'unico modo di amare che conosce, quello che può assicurarle che l'Altro abbia** *bisogno* **di lei, ancora prima che** *voglia* **di lei.**

Bellissimo, vero? Insomma. Ma che succede se l'altra persona, la persona scelta per essere "salvata" vuole un po' di autonomia? Che succede se vuole guarire? In che modo la bambina si sentirà utile e in che modo avrà certezza di venire amata, se non potrà guarire e aggiustare per amare?

---

* Non importano il sesso biologico o il genere dei due bambini, è un esempio che puoi pensare come preferisci.

Il primo bambino, ormai adulto, una volta dislocato in questa relazione dove tutto verrà *aggiustato* dall'altra persona, compreso lui (che avrà conseguentemente cambiato modo di vestire, parlare, mangiare, respirare), non potrà essere sicuro di venire amato, se smetterà di avere *bisogno*. Entrambi, presto o tardi, si scontreranno contro il "modello" di desiderio che avevano l'uno per l'altra, e uno dei due (o entrambi) perderanno miseramente, contro la realtà. **Un desiderio è un motore, dura finché ci metti benzina, quando la benzina finisce: nessuno può essere all'altezza di un desiderio, nessuno.** Vale per tutti? Vediamolo. Dipende da cosa succede quando ci si *incontra*, da cosa è composto questo desiderio, questo motore.

Andiamo insieme a vedere.

5

dell'attrazione

Sai ormai che i motivi per i quali qualcuno ti attrae sono profondi, intricati e personali. E nulla hanno a che fare con scelte istintive. Sai che, quando ti muovi verso qualcuno, lo fai per una ragione: si accende una sorta di *sistema*, un sistema di ricerca del piacere e della ricompensa, venutosi a creare in un punto dentro di te, nel corso della tua vita. Alla base del sistema c'è la macchina efficiente del funzionamento umano, sopra di essa, invece, valgono le *tue* regole.

In sostanza, sai che ad accendere questo sistema sei tu tramite una parte di te inaccessibile alla tua coscienza (anche se noi stiamo provando a portarvi un po' di luce).

Cosa c'è, allora, di consapevole nell'attrazione? La fisicità? Il colore degli occhi, la sensualità di un corpo? I gesti? Il sorriso? Una dimostrazione di intelligenza o bontà, innegabile, da riscontrare nell'altra persona? Se io ti chiedessi di descrivermi la persona che ti piace, o che ti piacerebbe incontrare, con la quale vorresti passare del tempo, e che vorresti ti *vedesse*, che mostrasse interesse per te, cosa mi risponderesti? Prendi un foglio e qualcosa per scrivere e procedi.

La persona che mi piace…

_____

_____

_____

_____

Forse quello che ti è venuto in mente è "solo" un elenco più o meno esaustivo di caratteristiche fisiche o riguardanti la personalità. Una lista o una descrizione più o meno precisa che mette insieme le cose più semplici, come i colori, le fattezze fisiche, i tratti somatici, e quelle più sofisticate, come "il modo nel quale indossa la giacca", "come tratta gli animali", "se va bene alle mie amiche", "se porta i sandali", "l'odore", "la pulizia", "se fuma o se beve", "se ha più o meno anni di me", "se ha un buon lavoro", "il cervello", "se ha un'espressione buona", "deve farmi ridere", "se è sexy", "in che modo sorride", "deve aver letto…", "non mi farebbe mai del male"…

Che tu sappia tutto della persona che vorresti, o che tu non sappia quasi nulla, fermandoti più o meno a: «Boh, se mi piace me ne accorgo» possiamo dedurre una cosa, l'elenco è formato da una più o meno breve serie di *scelte*.

Infatti, quando pensi a qualcuno che vorresti o vorresti

fosse ancora nella tua vita, *scegli*. **Non si sceglie sempre chi lasciare andare, ma si sceglie sempre a chi tenere la mano.** *

Anche se pensando a qualche scelta fatta nel passato, a qualche relazione dolorosa, ti risulta difficile crederlo; anche quando quella relazione si è rivelata essere la peggiore delle decisioni mai prese, da qualche parte, dentro di te, a quel tempo, è stata la soluzione a un problema.

Lo so, è assurdo credere che certe relazioni e certe persone possano essere considerate *scelte*, ma ricordati quanto ci siamo detti in merito al tuo inconscio: non conosce morale, non conosce etica, non conosce giusto e sbagliato come li conosci tu, non valuta la bontà o la cattiveria di un'altra persona, ma solo come si incastra con te nel tentativo di farti *esistere*. E, a volte, per far esistere una preda, bisogna darle un cacciatore, per una vittima ci vuole un carnefice, per una dipendenza ci vuole una droga.

L'attrazione è una scelta. Una scelta che non ti sembra di stare mettendo in atto, ma che operi su specifici perni, prima di avvicinarti o lasciarti avvicinare da un possibile partner (non solo in una relazione sentimentale, vale in generale tra le persone). Questi *perni* io li chiamo **cardini**. E oltre che dirti *quali* sono, posso dirti anche secondo me *quanti* sono. Sono tre. Solo tre. Tutti i motivi per i quali qualcuno ti piace, infatti, tutti i motivi per i quali hai (co-

---

* Restando *sempre* e *solo* nell'ambito delle relazioni tra adulti consenzienti, purtroppo sembra banale ma non lo è.

sciente o meno) *deciso* che ti piaccia, ruotano esclusivamente attorno a queste tre chiavi di volta:

1. la speranza di una crescita personale;
2. il desiderio di sfida e conquista;[*]
3. il bisogno di riparare dinamiche passate.[**]

Sul **primo cardine** ruota la speranza di avere accanto un partner che ti migliori. Qualcuno che possa e voglia spingerti a perseguire un obiettivo (o più di uno), nei modi che desideri e che hai prefissato. Una persona che faccia il tifo per te e ti motivi, magari, a pensare anche un po' a te, prima che a tutti gli altri. A tenere in ordine con più cura la tua casa o le tue cose, o a crearti una routine. A diventare costante o a migliorare la tua cultura o a imparare a parlare in pubblico, per fare bella figura con gli altri. A lasciarti un po' andare. A guadagnare di più o a ottenere un lavoro migliore, un fisico migliore, a superare la timidezza, a farti valere sul lavoro, a diventare un fenomeno a letto, a farti piacere l'amore, ad accettare il tuo corpo o a modificarlo *per il tuo bene*. In questa categoria, in sostanza, possiamo inserire chiunque ti sproni e ti faccia *uscire dalla zona di comfort*, per diventare la *versione migliore di te*.

[*] Il preferito di un sacco di mie amiche, ma anche di un sacco di gente malintenzionata.
[**] Le tue e quelle dell'Altro. Anche se sono diverse, si tratta comunque di operare la stessa forza sulla stessa leva.

Il **secondo cardine** riguarda il desiderio di attrarre (e poi, magari, di cambiare) un partner *difficile*. Introverso, misterioso, dal passato complicato, che reputi molto più attraente di te, magari già impegnato con qualcun altro, un po' scontroso, più grande o più piccolo di te, magari silenzioso, spesso assorto, molto amato, molto ricercato, molto voluto oppure tutto il contrario: poco notato, defilato, ma pieno di qualità che tu intravedi, *potenziali*. Sono solo esempi. La conquista dell'Altro viene vista e vissuta come una sfida. Quello che la rende interessante è la possibilità di riuscirci, che diventa stimolo fondamentale del tuo ciclo della ricompensa: alimenta infatti, contemporaneamente, sia l'attrazione che il desiderio stesso. Il partner *impegnativo*, quello che con te – e solo con te – è *diverso*. La persona che con te – e solo con te – si apre; che con gli altri è sgradevole ma con te è gentile. Quella persona gelosa di te sempre, con tutti, quasi da non farti muovere, perché ti ama, perché ti protegge. Il partner che ti *possiede*, perché tu possiedi i suoi segreti. Perché sei cosa sua, e devi restarlo.*

Il **terzo e ultimo cardine** fa girare un bisogno che ormai conosci: quello del partner con il quale lenire le ferite del passato. Quel genere di persona che credi ti assicuri la possibilità di rivivere e risolvere dinamiche emotive insolute del tuo vissuto, attraverso la vostra relazione. Relazione che ti sembrerà rivoluzionaria, diversa da tutte le altre, appassio-

* Letta così fa un po' paura, non è vero?

nata, speciale, che ti farà toccare il cielo con un dito, anche quando sarà difficile, soprattutto quando sarà difficile, la cosiddetta relazione *unica*. Poiché è in lei che avrai la sensazione di ritrovare tutti i tuoi *pezzi mancanti*. Questo tipo di relazione è una costellazione di schemi e predizioni che altro non hanno come perno che le caratteristiche dei tuoi famigliari, quelle che tanto avresti voluto sistemare, curare o dimenticare. Per nascere, finalmente, una seconda volta, senza più bagagli pesanti da trascinare con te, ovunque vai e con chiunque sei. Approfondiamo ciascun cardine e capiamo che tipo di persone vi girino intorno.

IL PRIMO CARDINE:
LA SPERANZA DI UNA CRESCITA PERSONALE

Immagina di essere in un luogo affollato, all'ora dell'aperitivo, ti siedi al bancone, ordini qualcosa da bere. Sei un po' a disagio, non è ancora arrivata nessuna delle persone che aspetti. Ti guardi intorno, noti qualcuno dall'altro lato della sala. Ti cade lo sguardo proprio lì, non un centimetro più a destra né uno più a sinistra, e lo vedi: **il tuo diritto a essere la persona che vuoi**. Il pensiero ti attraversa ma dura un istante e lo hai già dimenticato; la persona seduta lì ti sembra quasi familiare, ti attira ma non sai perché. Quella che hai appena sentito è *speranza*. Se la avessi fermata, se ci avessi riflettuto, se la avessi afferrata, analizzata, avresti capito fin dall'inizio che negli occhi di uno sconosciuto stavi innestando un tuo desiderio: la speranza di trovare qualcuno da poter "usare", come spinta per diventare *migliore*, per *crescere*. Perché ti hanno insegnato che così come sei non vai bene, giusto? Puoi sempre *sistemare* qualcosa, puoi sempre *cambiare* in qualche modo.*

La speranza di crescita personale è una delle forze più potenti – e spesso inconsapevoli – che guidano verso qualcuno. Quando incontri una persona che ammiri, o che possiede qualità che desideri sviluppare, senti quella che superficialmente potresti definire un'attrazione *naturale*. Questa attrazione non è solo fisica, va oltre, perché è profondamente legata al tuo **desiderio di evolvere**. Di farcela. Di raggiungere. Di diventare. Di smettere di essere la persona che sei oggi, perché è alla persona che sei oggi che sono capitate tutte quelle cose brutte ed è la persona che sei oggi a non essere stata abbastanza brava da aver trovato o trattenuto il partner perfetto. O, perlomeno, questo è quello che ti dici tutti i giorni.

E siccome in solitudine non ti è riuscito di *metterti a posto*, coltivi dentro di te la convinzione che grazie a qualcun altro potresti avere maggiori speranze. Un meccanismo subdolo

---

* Ricordati di qualche capitolo fa: la persona più incline a comprare è colei che crede di doversi aggiustare.

e salvifico allo stesso tempo, nascosto e pericoloso. Pensaci: quante volte hai sentito attrazione per qualcuno senza riuscire a spiegarla? Cercando di identificare quale forza ti attirasse verso quella persona, ma senza riuscire davvero ad afferrarla. Era la capacità, dell'altro, di incarnare quelle qualità che tanto avresti voluto possedere (o in cui avresti voluto riconoscerti): ambizione, sicurezza, intelligenza, creatività, successo, pazienza, senso di giustizia, bontà, avvenenza, *certezze*.

Quando veniamo attirati da qualcuno, infatti, le cose che apprezziamo non sono mai slegate dai nostri vissuti. **Immagina l'attrazione come una serratura in cerca di una chiave, e viceversa.** Se qualcosa ci attira, molto spesso è perché non ne abbiamo abbastanza o crediamo di non possederne affatto. È così che tendiamo a considerare la caratteristica desiderata come una parte per il tutto. «Se possiede *questo* o *quell'aspetto*, non può che possedere anche *questa* o *quell'altra* caratteristica.» Si chiama "effetto alone". È un fenomeno psicologico per il quale le impressioni positive, o negative, in un ambito, influenzano le percezioni in altri ambiti. Se reputi, per dire, una persona fisicamente attraente, ecco che tendi a pensare che abbia anche altre qualità positive, come la bontà o l'intelligenza.[*]

---

[*] Il concetto greco di "*kalòs kai agathòs*" sintetizza l'idea che il bello e il buono siano indissolubilmente legati. Per i Greci, la bellezza esteriore rifletteva virtù e bontà interiori, incarnando l'ideale di armonia e perfezione. Questo principio suggeriva che una persona bella fosse anche buona, e viceversa, rappresentando un modello di equilibrio tra corpo e anima, estetica ed etica.

La tua mente, come sempre, fa i compiti al posto della realtà, inserendo, nel quadro che raffigura l'Altro, elementi che prende invece da te: i tuoi desideri, la tua voglia di realizzarti, il tuo bisogno di trovare la persona giusta, ma anche i *segni* e i *simboli* del quotidiano e del mondo nel quale viviamo.[1] Quando li "prende" da te, li "ficca" *a forza* nell'altra persona, e la rende così uno specchio. Così che tu possa guardarci dentro e vedere la tua parte ambita, quella che credi di non essere, che pensi di non meritare. L'Altro a volte, è il raccoglitore delle tue proiezioni.* Anche per questo fa così male quando se ne va, perché con sé porta via una parte di te.

«Una persona capace, gentile, generosa. Spesso incompresa, che si prodiga per tutti anche se gli altri non sono mai disponibili per lei; che ne ha passate tante, che è rimasta fedele, anche quando avrebbe potuto e dovuto andare via, che ha perdonato tutto agli altri, che non ha mai abbandonato nessuno, che si è occupata di tutto e di tutti, sempre.»

Ti ritrovi in queste righe, vero? È quello che custodisci di te, ma che a volte temi di dire ad alta voce, per paura di sembrare arrogante o vittimista, a seconda dei casi. **Non è forse questo che vorresti che l'altra persona vedesse in**

---

* Le "proiezioni" sono un meccanismo di difesa per il quale un individuo attribuisce inconsapevolmente i propri pensieri, sentimenti o desideri a un'altra persona o cosa.

te? Chiave e serratura. Rileggile queste parole, falle tue, conceditele, sono vere.

Nelle relazioni legate dalla speranza di una crescita personale, il partner diventa un modello, una fonte di ispirazione che motiva, che spinge. Quello che speri segretamente è che unendoti, per osmosi, qualcosa di queste *capacità* possa passare a te. È una dinamica in un certo senso arricchente, sicuramente ingaggiante. Ti mette a confronto con le tue insicurezze, è vero, ma a metterti a confronto con il tuo potenziale non sarebbe per l'ennesima volta la tua severa e giudicante voce interiore, bensì la persona *perfetta*. Accanto avresti qualcuno che ti accompagnerebbe con garbo a notare quanto ancora tu possa fare, quanto potresti essere una persona più straordinaria, e ti spingerebbe a tentare. Tutto quello che potresti volere nel tuo futuro, la persona che vorresti essere, che hai sempre saputo di meritare di diventare è seduta laggiù, dall'altra parte della sala. L'hai appena notata, eppure già *senti* che è lei la persona giusta, e in quegli attimi, davanti ai tuoi occhi, si trasforma. Nel bene e nel male.

Partecipano nella squadra della crescita personale i seguenti concorrenti:

Il partner ambizioso e di successo, che ti motiva a raggiungere i tuoi obiettivi professionali, a diventare una persona assertiva che sa quello che vuole e non ha paura a chiederlo e a fare ciò che serve per ottenerlo.

La persona creativa e talentuosa, che ti ispira a coltivare le tue doti artistiche o intellettuali. Che una volta ha scoperto per sbaglio che al liceo hai cantato una canzone senza vomitare davanti a tutti, e ora ti sprona a prendere lezioni e a esibirti di fronte agli amici, anche a cena, continuando a ripetere a chiunque conosciate che c'è un'arte rara dentro di te e che, se non hai sfondato, è solo colpa di un sistema di raccomandati – non meritocratico – che non sa riconoscere il talento nemmeno trovandoselo davanti.

Il partner sicuro di sé e carismatico, che ti spinge a migliorare la tua autostima e fiducia personale. Quello che all'inizio ti rivolgeva grandi complimenti per la tua sensibilità e gentilezza, e che, a mano a mano, ha cominciato a non soffrire il fatto che tu tornassi dal lavoro con un carico di ansia da toglierti il respiro. Che racconta a tutti, iniziando da te, quanto sarebbe meglio che in palestra, sul lavoro, a scuola, con la tua famiglia, tu cominciassi a prendere delle decisioni e a far valere il tuo punto di vista. Quello che ordina per te al ristorante, che sceglie le vacanze, che cambia i regali e che ti sgrida perché piangi, visto che «piangere – tanto – non serve a niente».

La figura dolce e compassionevole, che ti incoraggia a sviluppare la tua empatia e capacità di cura. Quella che ha sempre apprezzato, fin dall'inizio, la tua forza e determinazione, e nel prosieguo della vostra conoscenza ha preso a malapena a tollerare i tuoi modi, accusandoti costantemente di essere una persona aggressiva e che non stupisce che gli altri si stanchino di te, perché non possono mai dirti nulla, altrimenti ribatti. Al ristorante ti lascia ordinare, ma se ti lamenti che qualcosa non ti piace dice che non ti va mai bene niente.

Il partner sportivo e in forma, che ti sprona a migliorare la tua salute e il tuo benessere fisico. Quello che ti dice che ora ci pensa lui al tuo corpo, di non preoccuparti. Che sei una persona perfetta così come sei, ma che se vuoi lui può insegnarti a restare in forma, visto che un po' di sport non può che farti bene. È la stessa persona che ti fa piangere, in bagno, dove ti nascondi, per non fargli contare le calorie di quello che, secondo lui, puoi e non puoi mangiare.

La persona ben informata e acculturata, che ti stimola a leggere di più e ad ampliare le tue conoscenze, alla quale forse non è mai andato davvero bene che tu non studiassi ancora un'altra lingua. Quando vi siete incontrati non volevi fare altro che ascoltarla, ti incantava la sua conoscenza e quel suo modo di raccontare ti affascinava. Un giorno ha smesso di essere interessante, hai iniziato a trovarla noiosa, ripetitiva, rigida. Nella tua mente ti capita di prenderla in giro.

Il partner ordinato e organizzato, che ti aiuta a diventare una persona disciplinata e strutturata nella vita quotidiana. Litigate per dove si trova qualunque cosa, per come è messa la tua macchina, per i tuoi vestiti, per quanto spendi. La sua capacità di gestire tutto con nessuno sforzo, che una volta ammiravi profondamente, ora credi sia solo un modo ossessivo e opprimente di vivere.*

Il partner più bravo di te nel lavoro/a scuola, che ti spinge a essere una persona più determinata e perseverante nei tuoi progetti. È uno che hai incontrato tramite conoscenze comuni, vi siete trovati subito parlando di qualcun altro. Conosce tutti, sa tutto di tutti. Credevi sarebbe stata una cosa di una volta sola, poi che avreste conquistato il mondo insieme, ora, ripensandoci, non ti sembra che sia stato mai così brillante, anzi, forse è un po' meschino.

La persona sempre calma e riflessiva, che ti aiuta a sviluppare una maggiore consapevolezza e serenità interiore. Ogni volta che apri bocca per dire che qualcosa non va, ha talmente paura del conflitto che si pietrifica o se ne va.

---

* Troverai molte "leggi del contrappasso amorose" in questi elenchi; se ti chiedi come mai accade, fai sempre riferimento alle difese. Due difese molto potenti sono l'*idealizzazione* e la *svalutazione* (che usiamo sempre insieme alla *proiezione*) e quando avviene una, avviene anche l'altra (di solito in questa sequenza). Idealizziamo la persona più popolare della scuola, o l'ex partner di qualcuno, o il partner attuale di qualcun altro, o un nostro superiore, oppure li svalutiamo (o facciamo prima una e poi l'altra cosa). In tutti i casi usiamo queste due difese per regolare la distanza tra noi e loro: la accorciamo fin tanto da credere di essere loro, oppure la ampliamo a dismisura; così da non dover fare davvero i conti con ciò che vorremmo, invidiamo o temiamo o ci mette a disagio.

Hai presente sui social quando si dice: «Mi sei caduta in basso», «Da te non me l'aspettavo», «Non credevo fossi così», «Sei cambiata come persona», «Ti preferivo prima», «Si è venduta»? Ecco: queste sono frasi di chi ha prima idealizzato (per potersi sentire in contatto con la persona giusta, magari somigliarle persino) e poi svalutato (per giustificarsi di aver commesso un errore di valutazione). In entrambe queste istanze, della persona vera, non si è mai saputo nulla, né prima, né dopo.

La figura socialmente impegnata e altruista, che ti motiva a essere persona più attiva nel volontariato e nelle cause sociali. Hai detto basta quando è arrivato all'improvviso e ha cercato di lavare i piatti nella vasca da bagno, *mentre c'eri dentro*.

Sono tutti cattivi e sgradevoli? Sei tu a essere intollerante e incontentabile? Il mondo è un posto orrendo e tu sei l'unica creatura indifesa? O, ancora, sono forse solo stereotipi? Una persona non può essere calma e riflessiva, oppure di successo, e non finire in questa lista?

Se con loro le storie finiscono, non è per le loro caratteristiche (alle quali ciascuno ha sacrosanto diritto), bensì è perché **con ognuno di loro hai tentato di essere una persona diversa da quella che sei**, e vi siete stufati, traditi o allontanati. **I partner che scegli solo perché ti motivino a essere migliore, sono i partner ai quali non vai bene come sei.** Un conto è smussare i propri spigoli con un po' di "carta vetrata relazionale di coppia", decidere di iscriversi insieme in palestra, di andare a vedere qualche mostra, mantenendo hobby e passioni personali. Un altro è invece accorgersi che, ancora oggi, tu non hai la minima idea di cosa ti piaccia davvero, **non avendo mai tentato di scoprirlo, senza il fine di piacere agli altri.** Perché hai sempre scelto di decidere di volta in volta cosa "andasse bene che ti piacesse", così da non essere d'intralcio ai desideri di un possibile partner, sforzandoti di non *porre ostacoli* nella strada di una relazione con qualcuno al quale poteva non interessare un certo aspetto di te.

E per ogni partner incontrato o desiderato, hai tentato di cambiare tutto della tua personalità. La cosa che ti ha fatto male in ogni singola relazione è essere sempre così profondamente infelice, accusando l'altra persona (dicendoglielo o anche solo pensandolo) del tuo dolore, senza accorgerti che eri tu a causarlo: sopprimendo la tua volontà, i tuoi desideri, i tuoi bisogni, coprendoli con le scuse che inventavi per accettare il comportamento altrui.

Compiaci, diventando un'altra persona, non avendo mai capito davvero chi sei, senza che questo ti protegga dal dolore di non conoscerti. E finché, nella relazione, interpreterai qualcun altro, ecco che sarà sempre e solo un'altra persona che gli altri vedranno. **Nella relazione dove tu giochi a fare la bambola, il tuo partner vedrà sempre e solo un giocattolo.**

Dopo aver chiuso la porta dell'ultima casa, hai continuato a camminare per un po', godendoti l'aria fresca della quale avevi bisogno; hai osservato il panorama, sbirciato il tramonto oltre gli alberi, fermato il tuo incedere per osservare il cielo e le linee della strada. Ora procedi, c'è una curva morbida, dopo qualche passo ti ritrovi in uno spiazzo. Ecco una casupola piccina dal tetto spiovente, in legno chiaro, con una finestrella

79

di servizio. All'esterno una pavimentazione in pietra chiara, dove sono disposti ordinatamente alcuni tavolini bianchi, di ferro battuto, in parte screpolato dal tempo. Vi sono sedie per ciascun tavolo, dagli schienali alti e arcuati, finemente lavorati con motivi floreali. Sul tavolino più vicino noti una brocca di vetro trasparente colma di un liquido fresco e invitante, alcune gocce di condensa scivolano lentamente lungo il vetro creando riflessi dorati sotto la luce soffusa di piccole lampadine appese ad alcuni fili che fanno la spola tra la casupola e gli alberi. Un vaso elegante è poggiato su un altro tavolo, con fiori freschi di lavanda e margherite che emanano un profumo delicato: si mescola all'aria fresca della sera. Ti ritrovi ad ascoltare il fruscio delle foglie al vento, mentre osservi i tavoli dove sono sedute alcune persone, certe più giovani, altre meno. Nello spiazzo di fronte a loro una musica raffinata si diffonde nell'aria, delle coppie stanno iniziando a ballare, si tengono per mano e per i fianchi, si guardano negli occhi, sorridono; i loro sguardi, i loro movimenti, raccontano una storia, mentre volteggiano leggiadre. Ti incanti a osservarle, ti avvicini a una sedia e ti lasci cadere continuando a guardare coloro che danzano di fronte e intorno a te.

Il secondo cardine:
Il desiderio di sfida e conquista

L'idea di riuscire a cambiare un partner può essere vista come una sfida. La possibilità di riuscirci può alimentare attrazione e desiderio. **Questa è una delle dinamiche più intriganti e complesse delle relazioni.**

Il desiderio di "aggiustare" o "salvare" qualcuno nasce dal tuo profondo bisogno di sentirti competente, di dimostrare a te e agli altri di essere in grado di fare la differenza nella vita di un'altra persona, la *tua* persona. La sfida di conquistare un partner difficile, di superare insieme gli ostacoli della relazione, può essere incredibilmente attraente. Ogni piccolo successo, ogni cambiamento positivo, alimenta il tuo senso di realizzazione e rinforza il vostro legame emotivo.

Il rapporto diventa il ricamo delle scelte che fai in suo favore, mettendo al centro lui e le sue caratteristiche, le sue voglie, i suoi bisogni, che a modo tuo cerchi di interpretare e realizzare, secondo quello che credi (e sempre crederai), per tutta la durata della relazione, essere "il meglio per lui", per il partner (donna o uomo, ovviamente, è completamente indifferente).

Per la persona complicata tu scali montagne a piedi nudi, scovi tesori in giungle di pensieri contorti, trovi il modo di vedere il bene e l'amore dove nessuno lo aveva mai visto prima. E di questo, l'altra persona ti è *grata*. **Ed**

è la gratitudine, o la voragine che lascia l'assenza di essa, la pietra miliare del vostro rapporto. Con quella costruisci la vostra casa.

Tra le coppie che danzano, una in particolare ti suscita un ricordo: una persona sembri tu, l'altra una tua relazione del passato. Più li guardi e più ti convinci: siete proprio voi. E guardandoli stringersi ti prende un po' di rimpianto. Perderti nei loro occhi ti fa sentire un po' di magone, non sai se sei triste o felice, è nostalgia o malinconia quella che senti? Ricordi il tuo modo di prenderti cura di quella persona, non mancando mai a nessuna delle sue richieste, implicite o esplicite. Perché è finita? Perché vi siete lasciati? Ballavate così bene.

Il rapporto che si basa sulla sfida e la conquista ha sempre un denominatore comune. Il partner complicato sembra quello *in comando*, quello forte che gestisce la situazione e ti prende per mano. La realtà, lo sapete bene voi due, è ben diversa. Quella è la facciata che presentate al mondo, ma il "burattinaio" sei tu.

In un modo o nell'altro i tuoi *servigi* servono a tenerli in vita, il partner e il rapporto. Perché per ogni ombra del suo stare, per ogni buio del suo cielo, tu sai accendere una candela e portare un po' di luce. **Sei tu il perno sul quale la relazione gira, perché è verso di te, *luna*, che l'altro si volge quando soffre.**

Tu, in sostanza – all'inizio attraverso gesti piccolissimi e poi in modo sempre più pervasivo –, giorno dopo giorno, hai gestito la vostra vita, la sua vita, hai gestito *voi*. Hai trovato delle certezze dentro di te, per servire: lo stavi facendo per il suo bene, e tu e solo tu sapevi cosa fosse giusto per entrambi. Che ti fosse accanto ogni giorno o che dividesse il tempo tra te e un'altra famiglia, che foste sempre insieme o che vi vedeste di nascosto o molto poco, il sorriso era sempre il tuo, l'idea la tua, la conduzione delle vostre esistenze, intrecciate, tua.

Ripensi a quanto ti abbia fatto stare male, mentre osservi la danza farsi sempre più forsennata, sempre più veloce: tu, tra le braccia dell'altra persona, rotei vorticosamente, piroetta dopo piroetta, quasi non riesci a stare in piedi, ma non molli. Sai che non puoi fermarti, o il vostro ballo finirà.

Cosa rimane quando il partner non vuole più le tue attenzioni? Quando vuole poter decidere per sé, ma non te lo dice, e tu ti ritrovi a pensare che si comporti in modo ingrato? Cosa succede quando non ti senti più utile, quando tutto viene dato per scontato, quando il tuo fare e dare e sistemare non basta più? Cosa succede quando l'altra persona vuole una vita sua, che non dipende dalle tue scelte? Quando te lo rinfaccia e tu fingi di non capire cosa stia dicendo davvero?

Questa dinamica, per la quale tu sei in capo a ogni cosa e l'altro si lascia vivere, si lascia *curare*, porta la relazione a rimanere intrappolata in un ciclo di desiderio e delusione, dove ci si chiede, l'uno contro l'altro, di cambiare aspetti modificabili solo sulla carta. Proprio quegli aspetti che, secondo ciascuno dei due, sarebbero fondamentali da cambiare, ognuno i propri, per pensare di poter proseguire.

Se solo mi ascoltasse. Piroetta.
Se solo si fidasse di più. Piroetta.
Se solo lavorasse di meno. Piroetta.
Se solo capisse che sono io la persona giusta. Piroetta.
Se solo si facesse curare. Piroetta.
Se solo chiedesse aiuto. Piroetta.
Se solo dimagrisse un po'. Piroetta.
Se solo smettesse di bere. Piroetta.
Se solo si vestisse diversamente. Piroetta.
Se solo mangiasse in modo composto a tavola. Piroetta.
Se solo non urlasse per ogni cosa. Piroetta.
Se solo smettesse di rivolgermi un silenzio così assordante ogni volta che si arrabbia. Piroetta.
Se solo scegliesse me. Piroetta.
Se solo facesse come dico io. Piroetta.

Perché? **Perché sei tu ad aver deciso che quella persona andava bene per una cosa sola: cambiare.** In un certo senso, questo cardine monta la serratura opposta al precedente: **in questa relazione, sei tu la spinta dell'altro**.

Quella persona, che appena conosciuta non sembrava nemmeno cercare attenzione, è diventata il centro ossessivo di ogni tuo pensiero. Riservata, un po' distante, è protagonista di ogni tuo discorso. Qualcosa di magnetico in lei ti smuove, qualcosa che ti ha fatto desiderare avvicinarti, conoscerla, *conquistarla*. **Questo è il cardine della sfida e della conquista: l'idea che nel silenzio di qualcuno, tu possa portare una musica bellissima.** Sentirti utile, sentirti musa e ispirazione.

«Le cose migliori nella vita sono quelle per le quali devi lottare»: dicono così, non è vero? Ebbene, in amore questo detto assume una forma tutta sua. Il partner difficile, enigmatico, che non si lascia conquistare facilmente, diventa un obiettivo da raggiungere. In un gioco di seduzione, di piccoli passi avanti e di ritirate strategiche. La conquista dell'Altro è una missione. L'attrazione per qualcuno di inaccessibile, che non ti concede l'attenzione che vuoi, che sembra avere un muro invisibile intorno a sé. In te, la determinazione di superare quel muro fa investire tempo ed energie volte a guadagnare la sua fiducia, a farti "notare". Questo tipo di attrazione non è casuale, ma profondamente legata al tuo bisogno di sentirti competente, di dimostrare il tuo valore attraverso la capacità di "aggiustare" e "salvare".

Un partner difficile è un enigma da risolvere. La sua

distanza emotiva, i suoi silenzi, i suoi momenti di introspezione sono sia acqua che sete per te. Ogni volta che riesci a farlo sorridere, a farlo aprire un po' di più, senti un'ondata di soddisfazione. E se, dopo tutto quello che hai fatto, il partner non ricambia in un modo o nell'altro, ti senti alla deriva; ti interroghi sulla natura del vostro rapporto, ti chiedi se fosse solo la sfida ad alimentare l'attrazione. Ma per lui o per te? Da entrambe le parti. **Una volta eliminata la sfida, l'interesse svanisce o cambia, e quando cambia diventa doloroso.**

Un attimo prima di cadere, guardi il tuo partner negli occhi, ti accorgi, stupendoti, che è stremato. Non era lui a farti girare e girare, ma eri tu a non volerti fermare.

Se la persona cambia per te, ti ritrovi a criticare ogni cosa che pensa e che fa, perché dentro di te senti addosso la responsabilità di aver cambiato la vita di qualcuno, e non sai come andartene. Senti il peso di non poterti allontanare, con la colpa pesante sulle spalle di averlo visto *mettersi a posto* per te. Se la persona non cambia, invece, significa che ti tiene all'amo, e tu tieni all'amo lei. E tra pianti, urla e guerra e pace, tra un «non voglio sentirti mai più» e un «ti prego, ti prego non mi lasciare» ci sono i pezzi, per terra, di due persone che non hanno mai imparato ad amarsi e ad amare, ad affrontare il dispiacere di non sentirsi abbastanza e indagarne i motivi, ognuna per la sua strada. Due persone che hanno fatto di tutto nella vita per arrivare, per essere finalmente qualcuno e, non riuscendoci, hanno tentato di farlo l'una attraverso l'altra, diventando almeno *qualcuno per qualcuno*. Due entità che non riescono a stare insieme e non riescono a stare separate. Perché le parti di luce e buio che governano ciascuno di loro le hanno potute tenere vicine ma mai davvero in comunicazione. Sole e luna, l'uno per l'altra, ma mai insieme: mostrando al mondo una sola faccia, per ritrovare nell'altro quella nascosta.

Cadi a terra, il partner cade con te.

Non si può vivere l'amore per interposta persona, non ci si può amare tramite l'Altro, non per tutta la vita. Ci si può accoccolare vicini, per un po', sentendosi speciali, perché insieme. Ma a un certo punto, in una relazione, c'è bisogno di costruire, di avere la visione di un futuro e di poterla condividere. Non credere a chi ti dice che le persone più diverse fra loro sono le più adatte a stare insieme: un conto è ciò che sembra da fuori, un conto è la dinamica di una coppia dall'interno e, **da vicino, ci si ama quando ci si può ritrovare negli occhi dell'Altro senza essersi dovuti inventare un motivo per volersi.**

Ti guardi le mani, ti accorgi di non essere tu la persona che si sta rialzando, stavi solo osservando una coppia che ti ricorda tanto il tuo passato. Sei al sicuro, ancora a sedere sulla sedia bianca.

Le relazioni che girano attorno al cardine della sfida e della conquista non possono avere una progettualità, una finestra sul futuro che vedi (e vedete) allargarsi per merito di ciò che costruite ogni giorno: perché non c'è ricompensa nella quotidianità, non c'è dopamina nella gestione della casa insieme, non c'è adrenalina nel sapere che l'altro può restare o è disponibile quando hai bisogno. E tu, invece, vuoi stare sull'orlo del burrone, per sapere sempre che, un istante prima di cadere, l'altra persona verrà a salvarti. E viceversa.

Partecipano nella squadra della sfida e della conquista i seguenti concorrenti:

Il partner scontroso e distante, che sembra inizialmente freddo, ma ti fa venir voglia di conquistare la sua fiducia. Ogni piccolo gesto di apertura da parte sua è una vittoria che alimenta il tuo desiderio. Spesso lo si incontra da giovani, a scuola.

La persona già impegnata in un'altra relazione, che rappresenta *la* sfida, perché devi competere per la sua attenzione tutto-il-tempo. Il fascino del proibito e la possibilità di essere la persona scelta rispetto a qualcun altro rendono ogni interazione (reale o immaginata) più intensa. Guardando indietro alla storia con questo partner, ti dici che l'avresti intrapresa anche se fosse stato libero, ma non è vero. Dici che all'inizio non sapevate che sarebbe durata, ma hai fatto di tutto per farla durare. Dici che non ne puoi più di segreti e bugie, in realtà era ciò che rendeva le cose interessanti, visto che la persona, in sé e per sé, ripensandoci in tutta sincerità, non lo era poi così tanto.

Il partner molto più grande o molto più piccolo di te, con una differenza di età tale da aggiungere complessità alla relazione. Le diverse esperienze di vita e le rispettive percezioni del mondo renderanno l'interazione stimolante, diversa.

Se più grande di te, ti farà sentire una persona preziosa, intraprendente, bellissima, piena di opportunità, sempre alla ricerca di cose da dire, vestiti da mettere, modi di fare da sfoggiare maggiormente sofisticati. Una costante corsa alla ricerca delle sue attenzioni poiché, nonostante tutto quello che ha visto e avuto, possa continuare a scegliere te e tu possa continuare a esserne persona *degna*. Sul finire, perderai innocenza e freschezza ai suoi occhi, e ti sentirai ancora più sbagliata di quando tutto è cominciato.

Se più piccolo, ti farà sentire capace come mai ti è capitato nella vita; ti sembrerà sempre, dei due, di essere la persona migliore, perché con più esperienza, quella che conosce più cose, che ha fatto *di più*, ha visto *di più*, ha vissuto *di più*. Molte delle sue prime volte sono e saranno con te: e questo ti farà rilassare come in nessun'altra relazione, non avendo l'altra persona sufficienti termini di paragone per farti sentire insicura. **Quando sei con questo tipo di partner, quasi non devi fingere, perché chi sei e cosa hai fatto *basta per essere abbastanza*.** Proprio per come funziona il meccanismo della sfida e della conquista, arriverà però il giorno nel quale la figura che sembrava pendere dalle tue labbra mostrerà interesse per qualcun altro, e tutto si trasformerà, ribaltando le sorti della relazione. Del tuo essere persona diversa da lui, resterà solo la differenza d'età, che ti verrà spesso rinfacciata.

La figura criptica e misteriosa, che non rivela le sue emozioni o intenzioni, lasciandoti sempre ardere per scoprire qualcosa. A te, che sei sempre in grado di capire la persona che hai di fronte e adattarti di conseguenza, questa chiusura e riservatezza fa mettere in gioco, vuoi scoprire quello che c'è dietro. I tuoi modi di adattarti però qui non funzionano, perché non hai abbastanza elementi per costruirti una personalità modellata intorno alla sua figura, non sai cosa possa andare bene. Mentre ti eserciti nell'arte dello spionaggio, per cercare di tirare fuori qualcosa di utile come il cognome della madre, o a quanti anni abbia cominciato a camminare, e se al liceo suonasse in una band, sei tu a creare nella tua testa i dettagli di questo essere umano: dietro la sua facciata – che è l'unica cosa che ti mostra – costruisci la persona che vuoi. Tanto che, quando scopri qualche dettaglio in contrasto con la tua immaginazione, ti stupisci.*

Il partner con una vita sociale molto attiva e molti amici, che ti fa sentire il bisogno di guadagnare un posto speciale nella sua cerchia. Custodire i suoi segreti diventa una conquista preziosa. Quando lo incontri a scuola, quasi sempre si crea una relazione prendi-e-lascia che va avanti per molto tempo, dopo essere iniziata come una grande amicizia. Se, invece, vi incontrate per la prima volta da adulti, è molto probabile che faccia parte anche del gruppo "persona già impegnata in un'altra relazione" e "figura criptica e misteriosa". Dietro la facciata trovi sovente anche almeno un altro paio di relazioni, pressoché identiche alla vostra.

Il partner con una forte personalità indipendente, che ti fa desiderare di dimostrare il tuo valore e la tua capacità di affascinarlo. Ogni piccolo segnale di affetto o attenzione da parte sua è una grande vittoria, ti fa sentire indipendente a tua volta; anche se nelle altre relazioni in te tendono a prevalere timidezza o insicurezze, in questa ti sembra quasi di essere un'altra persona. Indovina un po'? Lo sei (temporaneamente).

La figura con relazioni precedenti difficili, che ti sfida

---

* Hai presente la frase «Se non mi ha scritto è perché gli si è spento il telefono – è caduto in metropolitana – sua madre è in ospedale – è scoppiata una bomba – c'è stato un rapimento ed è coinvolto nella richiesta di un riscatto – lavora per i servizi segreti – è il confidente del presidente – è il primo cavaliere del re»? Ecco, è a questo genere di immaginazione che mi riferisco.

a essere la persona che può aiutarla a guarire e a (ri)trovare fiducia nell'amore. Il modo nel quale pratichi e metti al suo servizio la tua empatia e il tuo desiderio di essere la persona *giusta*, alimentano l'attrazione. C'è un motivo per il quale le sue relazioni precedenti sono finite tutte male, c'è un motivo per il quale riserva parole avvelenate a tutti i suoi ex partner. E quel motivo non è che fossero tutti sbagliati. Indovina chi sarà la prossima persona della quale parlerà male?

Il partner estremamente selettivo e difficile da impressionare, che ti spinge a dare il meglio di te per ottenere il suo interesse. Ogni complimento o gesto di approvazione è una ricompensa preziosa. In questa categoria inseriamo coloro che hanno un rapporto con la sessualità molto diverso dal tuo (non importa quale, ma diverso), ti fanno scoprire cose nuove, interessanti, eccitanti e ti spingono al limite. Dopo un po', finita la novità, nonostante tutti i tuoi tentativi, cercare di compiacere non basta più per farti stare bene nella coppia.

La persona che ti mostra un affetto intermittente, con la quale si instaura una delle relazioni che più si avvicina al tipo di rapporto che avevi con una o entrambe le figure genitoriali, che ti hanno "amato" a intermittenza. Con lei si crea una dinamica di assenza e presenza che alimenta il tuo desiderio di conquista, una gara che vuoi vincere in via definitiva. La speranza di stabilizzare la relazione ti mantiene una persona legata e impegnata mani e piedi. Qui ritroviamo coloro che praticano dinamiche come il *ghosting* o il *paper clipping* (che potresti aver sentito chiamare anche solamente *clipping*).

Il *ghosting* è una pratica relazionale disfunzionale nella quale una persona scompare improvvisamente dalla tua vita senza preavviso né spiegazioni. Il termine deriva dalla parola inglese "*ghost*", che significa fantasma, evocando l'immagine di una persona che si dilegua come uno spirito, lasciando dietro di sé solo il vuoto. Questa scomparsa inaspettata può essere devastante, può lasciarti con un senso di smarrimento e confusione. **Ti chiedi cosa sia andato storto, cosa tu abbia fatto per meritarti questo trattamento, e questa incertezza alimenta il tuo desiderio di risposte e di chiusura.** La possibilità che questa persona possa ritornare, che possa esserci una spiegazione ragionevole a quanto accaduto, ti lega a un filo di speranza, rendendoti disposta a perdonare e ad accettare qualsiasi spiegazione pur di riavere quella connessione. Questo ciclo di presenza e assenza, di speranza e delusione, diventa una trappola emotiva. **Ma sei tu che resti in gabbia, sei tu che hai la chiave e non la usi.**

Il *paper clipping*, invece, è una dinamica (altrettanto dolorosa da subire) nella quale una persona mantiene un contatto minimo e sporadico, dando l'impressione di essere interessata ma senza mai impegnarsi realmente. Il termine deriva dall'inglese "*paperclip*", letteralmente graffetta, e più nello specifico da Clippy, l'assistente virtuale di Microsoft®, quella (appunto) *graffetta* buffa con gli occhietti che compa-

93

riva nelle prime versioni di Microsoft Office®, in momenti inopportuni e inutili, mentre lavoravi al computer. Non importa che tu la conosca, se la ricordi oppure no.

Questa "pratica" è facilissima da comprendere: implica che la persona riappaia nella vita di qualcuno sporadicamente, ma senza intenzione di stabilire una vera connessione. Fa capolino, solo per vedere se l'Altro è ancora disposto a *esserci*. Tutto qua. Solo per vedere se rispondi. Questa persona invia qualche messaggio ogni tanto, fa apparizioni occasionali nella tua vita, quanto basta per mantenere viva la tua speranza. Ti tiene in sospeso, ti fa sentire che potrebbe esserci un futuro insieme, senza mai concretizzare questa possibilità. Tale comportamento ti rende inconsapevolmente parte di un ciclo di desiderio, fatto però anche di insicurezza e frustrazione. **Ogni piccola attenzione diventa un premio, un segnale che forse, questa volta, le cose cambieranno.** Queste dinamiche di affetto intermittente sfruttano le tue vulnerabilità emotive. Il bisogno di essere amati e accettati, la paura del rifiuto e il desiderio di stabilità e sicurezza diventano armi potenti nelle mani di chi mette in pratica queste modalità relazionali. **Ti trovi a giustificare il loro comportamento, a cercare scuse per loro, a credere che se solo potessi fare qualcosa di diverso, potresti conquistare il loro affetto pienamente e definitivamente.** Perché lo fanno?

* * *

Lo so, è solo questo quello che vuoi sapere: *perché* lo fanno. La vera domanda nascosta, però, è «perché lo fanno con *me*». Ti chiedi se in realtà non sia semplicemente "il loro modo di amare", non è vero? Se, in un modo o nell'altro, non sia tu il tipo di persona *giusta*, in grado di farli cambiare. E, in effetti, **queste dinamiche sono un loro modo non di amare, bensì di sopravvivere.**

Lo fanno perché non hanno educazione emotiva. Non sanno capire, notare, nominare e gestire le proprie emozioni, che gli si accucciano dentro e poi esplodono, lasciandoli sempre in frantumi, senza possibilità di ristoro. Non sanno gestire i loro sentimenti, le loro sensazioni, hanno bisogno continuamente di sapere se sei lì perché li vuoi o se te ne andrai. Non sanno decidere se è amore, non lo sanno capire. Non hanno difese che riescono a comprendere, molte delle quali li schiacciano. Sono limitati profondamente dal loro stesso funzionamento, che li fa sopravvivere ma non li fa progredire.

In un lontano punto del tempo, rinforzato poi dall'esperienza, hanno dovuto imparare a riconoscere le emozioni negli altri. Oggi riescono a comprendere alcuni segnali, soprattutto quelli di attrazione e attenzione nei loro confronti, e con essi si difendono dal dolore di non essere mai visti, inventandosi un'esperienza dove poter gestire il bello e il cattivo tempo in ogni relazione. **Finché credono di poter gestire ogni cosa, credono anche di poter evitare la sofferenza.**

Poiché non hanno alcuna certezza di chi sono, non hanno introspezione (non una realistica, perlomeno) e affidano completamente all'Altro il potere di definirli. Tu vorresti giustificarli, perdonarli: è vero, hanno molto probabilmente avuto *caregiver* complicati e inadatti alla genitorialità ma, come per te, come per chiunque, **pur non avendo loro alcuna colpa di come sono fatti, hanno però piena responsabilità di quello che fanno nella loro vita.** E non chiedere aiuto a un terapeuta è una scelta; è una scelta non gestire il proprio dolore in terapia; è una scelta non accogliere le proprie difficoltà e portarle in un luogo sicuro dove poterle osservare e capirci qualcosa.* Non è, invece, né lo sarà mai, tua responsabilità curare l'Altro, **non è e non sarà mai tua responsabilità amare abbastanza per due, quando si tratta di relazioni tra adulti.**

Coloro dei quali stiamo parlando scelgono in modo più o meno consapevole di farsi completamente definire dall'esterno: se sanno di poter essere "cattivi" con te, che tu li riconoscerai come tali, allora lo saranno. Ancora una volta, perché ci sia un buono deve esserci un cattivo; e tu,

---

* Nello studio di uno psicoterapeuta (e/o di uno psichiatra) non tutti ci arrivano, lo so bene. E meno reti ci sono (economica, famigliare, sociale) e più è difficile che accada. L'accesso alla cura non è per tutti, non è facilitato, so benissimo anche questo. Ma non c'è altra soluzione alla fragilità psichica che la richiesta di un aiuto professionale; il fatto che non sia ancora accessibile a tutti non la rende una soluzione meno valida. Se hai l'appendicite necessiti della valutazione (e probabile operazione) di un chirurgo, non è alla portata di tutti nel mondo ma questo non lo rende meno vero o valido. La salute mentale è salute.

per essere la persona buona, per poter interpretare questo ruolo, scegli proprio questa relazione, inconsapevolmente. Una relazione con coloro che vivono per essere etichettati, perché qualcuno dica loro chi sono e li sollevi dal dolore (almeno per un attimo) di non sapersi riconoscere.

Non possono stare da soli, non sanno guardarsi dentro e quindi ogni cosa li spaventa, li terrorizza. Una relazione con loro è come essere sulle montagne russe, un minuto sei il loro cielo, il minuto successivo fanno in modo che tu senta di non esistere. Nella leggerezza e superficialità delle parole che si spendono sui social network quando si parla di diagnosi, questa è più o meno la descrizione che trovi del *narcisismo* o dei *narcisisti* o addirittura dei *narcisisti maligni*.

"Narcisismo" è un termine strappato a uno spazio clinico e che, nel linguaggio comune, è diventato sinonimo di *stronzo*. E questo non ha alcun senso.

Il disturbo narcisistico di personalità, innanzitutto, proprio perché tale, fa parte dei *disturbi di personalità*, che sono la sfera più grave, più complessa della criticità psichica. Un disturbo di personalità è immensamente limitante e doloroso, qualunque esso sia, e quello narcisistico non è da meno. Una persona affetta da DNP è molto infelice, ma questo non passa mai nei discorsi da "bar social" sulle complessità della mente. È come se fossimo vittime di un'allucinazione collettiva dove crediamo tutti che il *narcisista* cerchi la preda per il proprio gaudio, manipoli per essere felice, giochi con i sentimenti delle persone che incontra, torni a casa e stappi lo champagne per festeggiare. Ma la realtà è ben diversa: non c'è pace per chi non sente di *esistere*, per chi crede di poter *essere* solo attraverso l'esperienza altrui, e **quella che tu consideri cattiveria è solo un modo di sopravvivere diverso dal tuo.***

Lasciamo spiegare ai clinici come si connoti e riconosca un disturbo di personalità, e veniamo invece a ciò che *crediamo* essere il cosiddetto *narcisismo*. **Ciò che continuiamo a chiamare *narcisismo* è, innanzitutto, notare in qualcuno (spesso ripetutamente) che non faccia quello che vogliamo noi.** E, se ci pensi, questo succede assolutamente anche a te, nei confronti di qualcun altro, continuamente. Ti sarà capitato, per esempio, di intraprendere una discussione con qualcuno e di sentire che l'altra persona non ti sta ascoltando. Che nonostante tu cerchi di spiegarti, il discorso non resta mai sulle tue argomentazioni, come se l'altro non capisse. Non capisce te e non capisce di cosa stai parlando e cosa vorresti ti dicesse. Non riesce a cogliere, a intuire, quale sia il problema, anche quando è sempre lo stesso, anche se lo avete già affrontato. Magari ti attacca,

---

* Come sempre, non sto assolutamente giustificando le azioni meschine che possono aver compiuto le persone che hai conosciuto. Sto però cercando di aiutarti a comprendere che è un errore attribuirle a un presunto disturbo mentale diagnosticato guardando dei video su un social network; il fatto che tu possa dare un'etichetta a qualcuno non rende il tuo dolore o la tua intera esperienza più reali. Ogni tua emozione è valida, ogni tua esperienza ha dignità. Ogni tua sofferenza deve essere creduta. Ma una persona può tranquillamente farti del male senza soffrire di alcun disturbo di personalità e anche senza avere come scopo ferire te.

cambia discorso o ti zittisce. Ti ritrovi a dire (o anche solo a pensare) che l'altra persona non sta minimamente mettendo te e i tuoi pensieri al centro, nemmeno per un attimo, che in qualche modo è sempre lei protagonista e che, a te, in quel determinato momento, questo non va affatto bene.

Mentre ciò accade, tu pensi a quanto l'altro sia egoista a mettere sé stesso sempre al centro dell'attenzione, a tuo discapito, a discapito del tuo volere. Ecco, quello che stai facendo tu, in questo momento, è la stessa cosa. Ti spiego: **non provi fastidio o dispiacere per il suo comportamento, bensì per quello che _pretendi_ debba essere il suo comportamento.** Sono due cose completamente diverse. Ricorda: non siamo qui per valutare il cosiddetto oggettivo, siamo qui per osservare il soggettivo. E ogni relazione ha una dinamica completamente soggettiva, anzi, ne ha due. Il tuo soggettivo e il soggettivo dell'altra persona. **In questo scambio, non importa la ragione, non importa l'oggettivo, importa capire cosa accade a prescindere da questo, prima di questo.** In un punto dentro ciascuno di voi dove non esiste nessun oggettivo, ricordi? Non senti dolore o rabbia perché ti dice (per esempio): «Vuoi sempre avere ragione tu» o «Questo te lo stai inventando...» bensì perché credi di avere ragione e pretendi che ti venga riconosciuto, oppure perché ti sta dicendo che qualcosa per te di molto reale non lo è, negando la tua intera esperienza.

Ma chi sta accettando che quelle frasi neghino la propria

esperienza, chi si sente in dovere di difendere la propria esperienza a ogni costo sei tu. **L'altra persona ha solo detto una frase, il valore di definire la realtà glielo stai dando tu.**

In quella situazione, cento persone diverse avrebbero reagito in altrettanti modi diversi, alcune sicuramente come te, ma altre avrebbero, magari, risposto: «La mia esperienza è questa, solo diversa dalla tua», oppure avrebbero pensato che non fosse necessario un pensiero altrui a validare la propria esperienza. Altre avrebbero pianto, altre ancora avrebbero rotto un piatto, altre se ne sarebbero andate, altre avrebbero intonato il canto degli alpini. Chi ha ragione? Tutti. Ma importa? No. **Importa se soffri oppure no di questa tua scelta e quanto sei consapevole di averne altre.**

Non ti dico questo per accusarti di un torto, o sostenere che non meriti la giusta attenzione, o che vada bene offenderti o invalidare i tuoi pensieri, bensì per indicarti che **il tuo modo di reagire non è l'unico, non è universale e non è assoluto,** anche quello dell'Altro ha una sua dignità. Le sue motivazioni sono valide, solo se consideri vero questo principio, allora possono esserlo anche le tue, poiché siamo tutti l'Altro di qualcuno.

Le motivazioni, per essere precisi, sono sempre valide, anche quando le azioni non lo sono. Se qualcuno si permette di muoverti violenza, l'azione è sempre da condannare, ma la motivazione (che potrebbe essere sentirsi in gabbia, o sotto attacco, essere degli infami o voler fare del male), è comunque la valida realtà dell'altra persona. **Valida non significa "giusta" o "buona", bensì *reale* per la persona che la prova.** Questo giustifica la sua violenza? Mai. Ma ti racconta come siamo fatti. Perché sono certa che anche tu abbia provato rabbia e desiderio di rivalsa verso qualcuno almeno una volta nella vita; non aver mosso violenza fa di te una persona migliore di chi se lo permette, non c'è dubbio, ma fa anche di te un essere umano che potrebbe avere le stesse emozioni di chi la violenza la muove, semplicemente non le agisce. Non agire le proprie emozioni, quando potrebbero arrecare danno, è parte dell'essere brave persone, ma anche tutte quelle che lo fanno sono comunque persone e funzioniamo tutti nello stesso modo. E se puoi comprendere questo dell'animo umano, allora puoi comprendere ogni cosa. **Se riesci a mettere a terra le emozioni e le esperienze dell'Altro, come fai con le tue, puoi capire ogni singolo connotato di te e dell'altra persona.**

Puoi allontanarti immediatamente da chiunque si permetta di farti del male, poiché non hai bisogno di inventarti le sue motivazioni, comprendi che ti siano inaccessibili e – non essendo in linea con i tuoi valori – procedi oltre, senza cercare giustificazioni che sarebbero solo il frutto della tua mente e della tua esperienza. Se riesci in questo, **le motivazioni che spingono qualcuno a farti del male non ti interessano proprio**, perché non hai bisogno di risolvere o capire cosa muova la mano di qualcuno che strozza la tua, semplicemente accetti che le vostre motivazioni siano diverse e che quell'agito non faccia per te. Le esperienze di ciascuno di noi sono "case" completamente inaccessibili. Le motivazioni che vi sono nascoste, ancora di più. Spesso non sei in grado di comprendere il perché delle cose che fai tu, immagina quanta validità abbia credere di poter comprendere quelle degli altri! Sono supposizioni, possono essere brillanti ma restano tali. Inoltre, comunque, **comprendere e giustificare sono due verbi che abitano pianeti diversi**.

La frase «Vuoi sempre avere ragione» è un'offesa solo se in quel momento tu vuoi avere ragione; in un altro contesto potrebbe significare: «Che persona determinata sei, che non ti arrendi a dare un'impressione moralmente discutibile di te» (ho fatto un esempio qualunque). La frase «Te lo stai inventando» è invalidante per te solo se in gioco stai mettendo la tua identità; in un altro contesto potrebbe significare: «Che bella fantasia che hai» (altro esempio qualsiasi).

Guardiamo le tue motivazioni, per un attimo: voler avere ragione, per te, in quella dimensione, perché è così importante? Chi è che ti sta guardando e ti invita a non cedere? C'è una giuria? Un giudice? C'è un premio per chi ha ragione? **Oppure, perché è fondamentale per te non essere in errore? Perché essere in errore, per te, non è un'opzione?** Magari perché nella tua testa sbagliare è una macchia che non puoi permetterti. Perché tu, nella relazione, devi sempre essere la persona perfetta, quella che non sbaglia mai.

E questa, eccola qua, è la *tua* ferita narcisistica.

La ferita narcisistica è un danno inflitto all'autostima di una persona, che colpisce il suo senso di sé e la percezione di essere *vista*. E tu, in questo frangente, vuoi essere vista. Non vuoi essere messa da parte, e ogni tentativo dell'altra persona di farlo, ti fa soffrire. Ma non hai modo di riconoscertelo in profondità. Lo scambi per *ragione*, per *orgoglio*, per *rabbia*. Cercando di prevaricare stai mostrando, quindi, un tratto profondamente "narcisista". Per questo credi di vederlo negli altri. Per questo sui social tutti ne parlano puntando il dito contro questo o quello, poiché ciascuno di noi lo vive, ma non sa dargli un nome.[*]

In realtà, grazie al cielo, il "tratto narcisistico" lo abbiamo tutti, e se così non fosse non potremmo avere la più piccola autostima. Serve a mettere noi stessi al centro, a considerarci persone, a creare un "Io". Serve a dire: «Io *sono*; io ho delle parole da dire e voglio farlo». E tu, in quel momento, vuoi che le tue parole siano ascoltate, anche a discapito di quelle dell'altra persona. E succede, non c'è niente di strano. Cercare di aver ragione non fa di te una brutta persona o una persona sbagliata. Ogni giorno vi saranno mille e una occasioni dove sarai

---

[*] Il nome corretto sarebbe, appunto, "proiezione".

Narciso, lo siamo tutti, chi più, chi meno. **La differenza con coloro che hanno un disturbo di personalità narcisistica è che quella ferita, per noi, è un taglietto, per loro è un abisso.**

Quando accade a te, nelle tue profondità si insinua una voce: «Se non mi vedi, se non percepisci la mia vita, se non la conosci, non ti ci confronti, io smetto di esistere o non esisto da mai: con te, *Io* non posso sentirmi esistere». Ed è così che non riesci a convivere in quel momento con il dubbio di non valere il tempo e l'attenzione di quella discussione, non riesci a stare con le tue paure. E allora cosa fai? Rispondi, chiaramente. **Rispondi facendo lo specchio.** Accusando l'altro di volere troppo spazio, per riprenderti il tuo. Ti sostituisci all'altra persona, prendi lo sguardo che prima si posava su di lei, e lo metti su di te; metti il tuo sguardo su di te, confondi l'Altro con te, i suoi bisogni con i tuoi, tutto per provare a sentirti. *A sentirti esistere.*

Quella intransigenza nei confronti di una tazzina spostata, il bagno in disordine, una frase infelice, qualcosa di dimenticato, o qualunque grande o piccola cosa fosse stata la molla della discussione – della quale non ti ricordi nemmeno più – diventa improvvisamente vitale, perché non riconoscerla vorrebbe dire non riconoscere te. Sei tu la tazzina spostata con disattenzione, sei tu il bagno lasciato in disordine, sei tu la frase infelice che racconta una mancanza di valore. Sei tu che non sai amarti in quel momento e hai bisogno che l'Altro ti rassicuri.

Diciamo "narcisista" perché non potremmo stare a dire tutto il tempo: «Non so amarmi abbastanza da non farmi schiacciare dall'idea di non essere all'altezza».

Come accadde, perché accade? Perché certe discussioni sono fatte a immagine e somiglianza dell'inconscio. Quell'inconscio frammentato che ti fa credere di *morire* se non puoi ottenere di *essere*, di esistere, per l'altro dove l'Altro sono *tutti gli altri*; quell'inconscio che si restituisce a te sotto mentite spoglie: rabbia, aggressività, disregolazione emotiva.*

Perché è possibile tutto questo? **Perché siamo generazioni cresciute senza educazione emotiva, senza certezze, senza un amore svincolato dalla performance, vittime di traumi passati di generazione in generazione dal dopoguerra a oggi.** Dove l'assoluta mancanza di consapevolezza di sé, e del *sé*, causa, e ha causato, personalità che si tengono in piedi con gli stuzzicadenti.

Pensaci: siamo le generazioni che si specchiano continuamente nella propria immagine attraverso un telefono, ma fuggiamo ogni superficie riflettente dentro

---

* La disregolazione emotiva è l'incapacità di mantenere, ridurre o aumentare adeguatamente le emozioni, in base alle necessità del soggetto. Questo problema rende difficile o impossibile raggiungere gli obiettivi desiderati e adattarsi psicofisicamente alle situazioni sociali e ambientali che si sviluppano attorno al soggetto. Le risposte emotive risultano inappropriate rispetto alla valenza dello stimolo o al contesto. Alcuni esempi includono aggressività, timori infondati, incapacità di riconoscere e sfruttare buone opportunità, e manifestazioni di gioia in contesti inappropriati. Ne parleremo meglio nei prossimi capitoli.

e fuori casa, perché odiamo i nostri corpi e, per odiarli meno, giudichiamo quelli degli altri. Abbiamo bisogno sì, di specchiarci, noi Narcisi, ma negli occhi dell'Altro, continuamente. E abbiamo bisogno di accusare chi si mette al centro dell'attenzione, perché accettare che possa rifiutarci è un dolore troppo grande. Siamo condannati ai frammenti. Il Narciso che prima moriva nell'acqua, senza amore, ora cade cercando di toccarsi, per sentirsi esistere: attraverso uno specchio che va in frantumi, insieme all'Io malconcio che porta con sé. E questo succede anche a te.

Ma la relazione sana è un luogo dove l'affetto è costante e genuino, e tu non devi lottare per ottenere attenzione o stabilità, cercandoti continuamente negli altri, che saranno sempre e solo specchi distorti.

Il terzo cardine:
Il bisogno di riparare dinamiche passate

Il terzo cardine riguarda il bisogno di riparare dinamiche emotive irrisolte del tuo passato. La persona che scegli come partner assume per qualche ragione il ruolo o la dinamica di una figura genitoriale o famigliare, con la quale hai avuto relazioni complesse o addirittura traumatiche. Questa scelta non è casuale, ma un tentativo della tua mente di avvicinarti a qualcosa di conosciuto e di provare a risolvere vecchie ferite.

È ora di andare, ti alzi dalla sedia, saluti con un cenno del capo e le coppie che hanno terminato di ballare ti sorridono. Ti accorgi di non avere denaro, avresti voluto pagare per il tempo trascorso, ti ha dato molto. Riprendi il viale alberato, la notte è ormai vicina, la strada però non è buia, ma dolcemente illuminata da una fila di lampioni.

Quando cerchi un partner, il tuo inconscio sceglie qualcuno che rispecchi i comportamenti, i tratti o le dinamiche presenti la prima volta nella quale hai vissuto una relazione. La relazione che porti dentro di te è sia quella avuta con le tue figure genitoriali sia quella da te osservata tra loro e/o con i tuoi fratelli e sorelle (se ne hai avuti). Inoltre, la relazione *assistita* (se ti è capitato) è anche quella da te percepita fra le tue figure genitoriali e le loro, ovvero i tuoi nonni.

Dove comincia l'*amore*? L'amore comincia con la *cura*. **I figli di figure genitoriali e famigliari che al posto della cura sono cresciuti ad abusi, chiamano *amore* solo le sensazioni e i legami nati da e con quegli abusi.** Non l'amore frutto della cura, ma l'amore che vuole curare, inteso come guarire. L'amore che soffoca, schiaccia, pretende, stordisce, sporca, allontana, chiede, violenta, strilla, aggredisce, silenzia, scompare, picchia e, a volte, uccide. In un mosaico di straordinaria complessità, nel profondo di te vi è una sorta di mappa geografica relazionale dove ogni continente è una *cura* che hai esperito.

Come ti curavano? Come si curavano tra loro? Come curavano altri membri della tua famiglia? E della loro? E come venivano curate, a loro volta, le persone che si occupavano di te? Per ognuno dei loro gesti, mancanze, abitudini, strategie di sopravvivenza, c'è una cosa rimasta "incastrata" dentro di te. Il tuo intero mondo interiore, un tempo terra unica, magma di personalità primordiale, ha subito a mano a mano fratture, una dopo l'altra, a ogni tua reazione. **Cos'è, d'altronde, il trauma, se non l'esperienza che si fa troppo dolorosa per restare integra?**

Reagendo all'amore dei tuoi genitori hai creato ciascun continente. Reagendo all'amore tra i tuoi genitori hai creato ciascuna nazione. Reagendo alla relazione che avevano con i tuoi nonni hai gonfiato montagne e fatto passare fiumi fra terreni diversi. Di quella roccia tutta unita, oggi, dentro di te, esistono decine di regioni, separate da strade lunghe migliaia di chilometri e profonde centinaia di metri cubi d'acqua. Ed è in quelle acque che tu, per andare da un luogo all'altro della mente, navighi. A prendere un ricordo, a cercare un po' di sicurezza, a trovare le chiavi di casa, a difenderti da un dispiacere e così via. A volte la traversata è serena, altre è burrascosa.

Nelle tue relazioni di oggi, quelle adulte, è lì che ti muovi, in un tentativo di rivivere e risolvere conflitti e dolori provati e che ti hanno spezzato, sperando che questa volta l'esito sia diverso. **Tu chiedi una *seconda possibilità* al futuro, tentando di guarire il passato**; di creare finalmente strade tra parti di te che non si sono mai potute incontrare: il figlio disciplinato, la figlia scatenata, l'amore insicuro, l'attaccamento morboso, la pretesa di successo, la richiesta di essere amati solo perché genitori, il dolore della perdita, la rabbia di non potersi arrendere mai.

Ripensi alla tua infanzia, cerchi di afferrare ricordi lontani, ti sembrano sfuggire. Mentre cammini, in lontananza, scorgi una casa sulla sinistra, un po' più grande delle altre, con alte finestre chiuse dietro le imposte e una porta rosso scuro.

Nelle tue relazioni di oggi, è il tuo partner a diventare figura famigliare: lo scegli perché lo sia, lo riconosci, inconsciamente, fra un milione. **Rappresenta ciò che non hai risolto, quello che ti hanno lasciato di rotto.** Il tuo desiderio di riparare le ferite del passato ti porta a scegliere persone con caratteristiche simili o difese simili o risposte simili a quelle delle figure che ti hanno causato dolore, sperando di ottenere finalmente l'approvazione, l'amore o le spiegazioni che non hai mai potuto avere. **Questo tipo di relazione è un continuo tentativo di rivivere il passato per cambiarne il finale.**

Dirti che questo non è amore non ha alcuno scopo, se non quello di costringerti a cercare nel dolore della tua crescita, e io non sono qui per questo. Tocca a te aprire la porta, tocca a te entrare e guardarci dentro.

La porta si apre non appena ti avvicini, hai timore di entrare. Non vuoi. Non vuoi soffrire ancora, non vuoi cercare ancora. Quella che hai è l'unica modalità che conosci. Ma una forza ti tira a sé, metti un piede davanti all'altro e varchi la soglia. È buio all'interno, dalle finestre non entra luce, cerchi a tentoni un interruttore che sai benissimo dove si trovi, lo inneschi, senti un ronzio intermittente, la luce di una vecchia lampadina tentenna un poco e poi si irradia, fioca, nel buio. Così ti senti tu: una persona debole, che non sa fare niente per chi ama, per coloro che non può e non ha mai potuto aggiustare. Anche se è tutto quello che avrebbe sempre voluto.

Partecipano nella squadra del bisogno di riparare dinamiche passate i seguenti concorrenti: **il partner autoritario e critico; la persona emotivamente distante; il partner instabile o imprevedibile; la figura troppo protettiva o soffocante; il partner che tende a sminuirti; la persona con problemi di dipendenza, la figura che ti fa sentire invisibile; il partner violento…**

Non ho bisogno di raccontarti chi sono, poiché, in

un modo o nell'altro, sono coloro che hai cercato: per guarirli, per guarire, per curarli, per curarti. A loro hai offerto la forma di amore che hai ricevuto durante la tua infanzia: **nella luce fioca, tra il dolore e la mancanza, hai installato il tuo amore**. Sappi questo, sappilo per sempre: ogni volta che hai provato ad amare, ogni volta che hai messo le tue mani in quelle di qualcun altro, hai dato tutto. Hai dato tutto l'amore possibile, anche se fratturato, pieno di spigoli, anche se vetro, anche se pioggia e sale e sabbia, anche se sete e tempesta. Anche se hai urlato e pianto e bestemmiato, era sempre amore, perché con i cocci dei vasi vuoti d'amore che ti hanno lanciato addosso per tutta la vita, hai costruito le strade con le quali provi ogni giorno ad amare. È solo arrivato il momento di lasciare andare, è solo arrivato il momento di amare con le tue mani, non con quelle di chi ti ha cresciuto. È giunto il momento di lasciarti amare, senza dover riparare chi ti ha accompagnato, poiché non è tuo compito amare per due (ricordi?) e non è nemmeno compito tuo amare il genitore che non è stato amato. **Non è tua la colpa dell'amore che è mancato alla tua famiglia d'origine, ma è tua responsabilità l'amore che immetti nel mondo.** Hai il dovere e il diritto di vivere la tua vita e riempirla d'amore, che è *divenire*; non puoi averne se vivi nel passato, non esiste divenire in un tempo finito. Concluso, giocato: non tuo. Lascialo lì, per terra, togli anche questo dalle tue tasche.

Le pareti sono spoglie, la carta da parati è strappata, un lampadario pende danneggiato dal soffitto. Un tavolo di legno sporco è pieno di ragnatele, da un lato manca una sedia. È rovesciata, senza una gamba, dall'altra parte della stanza. C'è un armadio aperto, con un'anta spezzata; una poltrona bucata nel centro della sala è ricoperta in parte di stoffa e in parte di plastica, entrambe consunte; un telecomando con lo sportellino delle batterie aperto, vuoto, è abbandonato sul cuscino.

Hai accontentato qualunque forma d'amore, ogni briciola che ti venisse data, perché a te bastava per tentare, non credendo di meritare di più. Nella speranza di cambiare l'altra persona (e, così, di cambiare il tuo passato) hai camminato e arrancato ogni giorno.

Il pavimento è pieno di polvere, ci sono orme di scarpe, grandi, per terra. Alla parete c'è un cappotto appeso e uno zainetto di scuola.

La tua casa non è l'amore offeso della tua famiglia, qualunque forma avesse. La tua casa è il *tuo* amore, qualunque forma riuscirà a prendere dentro di te.

C'è un pezzetto di carta poggiato su un tavolino, accanto una matita. La prendi e scrivi, di getto:

«Vi ho amato più di quanto potevo, ogni giorno, tutti giorni, anche tutte le volte nelle quali mi avete trasformato in qualcos'altro, perché vi serviva.

«Voi mi avete amato con ciò che avevate a disposizione: una forma d'amore scorretta, dolorosa, che mi ha spaccato in mille pezzi, e per questo nel mondo ho cercato la stessa cosa, e per questo per strada mi sono sempre e solo messa addosso la persona che non ero e cocci d'amore, pezzi degli altri, senza riuscire a vedere né me né loro per quello che erano. Ma è mio diritto oggi tentare di trovare un'altra forma d'amore, che sia solo mia. Di restituire un sentimento diverso, personale, che sia solo mio. Ho diritto a cercare e dare altro. Ho diritto a imparare ad amare e a lasciarmi amare».

È dura accettare di essere persone diverse da chi ci ha cresciuto, significa riconoscere di poter essere migliori di loro, e nessuno vuole essere migliore dei propri genitori, perché sembra di far loro un torto. Lo so, ma devi avere coraggio ora.

Ti giri verso la porta, spegni la luce ed esci. Quella non è più la tua casa, da moltissimo tempo.

Scrivi quello che vuoi lasciare qui, è tuo diritto:

_____

_____

_____

_____

_____

_____

_____

_____

_____

E ora riposa un po'. Hai molto da elaborare, ci vediamo domani.

6

dell'amore (e del perché finisce)

IL lavoro fatto fino a qui non è stato semplice, anzi. Il coraggio che hai dimostrato nell'andare avanti ti fa onore. Affrontare gli spettri e gli ambienti del tuo passato è stato doloroso, e tu non hai deposto le armi, bensì hai proseguito, dolorosamente quando è stato necessario, senza arrenderti. E infatti, eccoci qui, ancora insieme.

Quello che abbiamo fatto è stato complesso, hai dovuto capire e affrontare il tuo *stato dell'arte*, ovvero ciò che a oggi ti caratterizza, ti identifica, fa parte di te, all'interno dei tuoi rapporti sentimentali (e forse anche di tutti gli altri). Ciò che accade durante le tue relazioni, come ti poni, cosa cerchi di ottenere, cosa ti muove, anche quando non te ne accorgi. Ti abbiamo potenzialmente osservato in una relazione, una relazione che *scegli*, le maschere che più o meno inconsapevolmente *decidi* di indossare per far sì che funzioni, che proceda, e hai incontrato di nuovo i tuoi punti di riferimento, coloro che, in qualche modo, hanno tracciato il sentiero per te. Il *perché* lo fai, *cosa* ti attrae, *come* succede. Di conseguenza, abbiamo potuto avvicinarci a comprendere *perché finisce*. Ed ecco la tua risposta: le tue relazioni non sono durate, e non durano, perché manca il fondamento di una relazione duratura (e genuina): ovvero *il legame emotivo*.

Il legame emotivo tra te (la *vera* persona che sei) e l'altra persona, anch'essa nella sua autenticità. **Venendo attratti e cercando persone da cambiare, dalle quali farsi cambiare o per guarire, la connessione creata non è d'amore, ma di bisogno.** E il bisogno è un motore che a un certo punto esaurisce il carburante, poiché i bisogni o si consumano o cambiano. Per questo tutte le storie finiscono nello stesso modo: non perché non vi sia innamoramento, o una qualche forma d'amore o di impegno o una certa passione o una buona dose di desiderio e rinunce, e sacrifici e piani. **A mancare è una reale connessione fra le emozioni tue e dell'Altro.**

La connessione reale, infatti, una volta raggiunta, è fatta di corde molto elastiche, pronte a adattarsi a qualunque cambiamento e smottamento pur di sostenere chi vi è legato e le usa per arrampicarsi.

L'amore è *divenire* proprio perché non teme il cambiamento; la relazione poggiata sul bisogno, al contrario, ha una data di scadenza: ogni mutamento la fa vacillare, tirando e sforzando le corde della sua connessione emotiva superficiale, fino a smaltirla completamente. Strappa, uno strattone alla volta, fino a reciderne ogni fibra. Spesso accade che un membro della relazione cada, sprofondando e, cercando di capire perché, provi ad arrampicare nuovamente – per avere spiegazioni – non accorgendosi che a essere rimasto è solo un mozzicone di corda, senza nessun altro legato. E questo può accadere in qualunque relazione, di qualunque durata. Che vi siate conosciuti da piccoli o da adulti, online o tramite amici comuni, che stiate insieme da anni o da poche settimane, succede perché senza un collegamento tra le vostre emozioni vi manca l'alfabeto con il quale comunicare. E una relazione reale, che non si basa sull'accontentare i propri bisogni attraverso la cura o lo sguardo dell'altro (o per l'altro), si può formare solo attraverso un dizionario comune.

Come si cerca allora una relazione *reale*? Una che non finisca? **Sai qual è l'unica relazione tra adulti che non finisce? Quella che ha per protagoniste persone *intere*.** Che non hanno nessun bisogno di essere completate le une dalle altre.* **Solo una persona integra può entrare in**

---

* Mito mostruoso, questo del dover cercare pezzi mancanti di sé nell'Altro, coronato (ancora una volta) dalla cinematografia romantica anni Novanta e Duemila, che trova il suo compimento nella frase: «Tu mi completi» rivolta da Tom Cruise a Renée Zellweger, al fine di convincerla della bontà del proprio amore, nel film *Jerry Maguire*. Ho sempre pensato che se si fosse invece presa come antonomasia di una buona relazione la frase di Jack Nicholson a Helen Hunt: «Mi fai venire voglia di essere un uomo migliore», tratta da *Qualcosa è cambiato*, ci saremmo risparmiati tutti un bel po' di sofferenze; ma ho capito negli anni che potendo scegliere di fidanzarsi con Cruise e Zellweger, nessuno sceglierebbe Nicholson e Hunt, purtroppo.

connessione con le emozioni altrui, e ciò che fa di una persona qualcuno di *intero* è esclusivamente la sua capacità di entrare in contatto con le emozioni che le appartengono.

Per Socrate conoscere sé stessi significava mettere sempre in discussione le proprie convinzioni, le virtù e la propria natura umana; trovo sia un perfetto monito per vivere e guardare con curiosità e complessità un mondo troppe volte spacciato per superficiale. Ma, ancora prima, per poterlo attuare: conoscere te significa allenarsi a restare quasi immobile in mezzo alla tempesta di ciò che provi e non aver paura di quello che troverai quando si dovesse placare.

Non c'è affatto bisogno di essere persone perfette: sempre buone, dolci, accomodanti, generose. Non c'è bisogno di essere virtuosi, sempre felici e sorridenti, realizzati in tutto e di successo. Non c'è bisogno di curare per farsi amare, di ascoltare fino a non avere più una propria voce, di urlare fino a perdere la capacità di andarsene, di rendersi piccoli per fare spazio a un ego altrui così frammentato da riempire ogni spazio. Non c'è bisogno di essere esageratamente ambiziosi o ricchi, né di avere questo o quello, di indossare questo o quello, di saper parlare di questo o di quello. Non c'è bisogno di saper fare, dire, riempire tutto, per tutti. Di stare sempre bene, di non avere mai paura o di non provare mai angoscia o rabbia o dolore o frustrazione.

All'origine di una persona completa esiste una persona autentica, che può ricercare altrettanta onestà d'intenti negli altri poiché è arrivata alla propria, con la capacità di sentire cosa prova e senza averne mai troppa paura. **Siamo esseri completi una volta che siamo in grado di entrare in contatto con ciò che proviamo**, questo fa di noi persone *capaci*, basta iniziare da qui. Perché, per essere perfetti (che significa "compiuti", non "impeccabili") gli uni per gli altri, dobbiamo solo essere *capaci*. E capaci è una parola con un'etimologia bellissima: in latino deriva da *capax*, *capacis*, che significa *in grado di contenere*. Qualcosa che ha spazio sufficiente per contenere una quantità di qualcosa. E, nel nostro caso, non ci serve altro, se non la capacità di contenere le nostre emozioni, ognuna di esse. Non contenere in senso costrittivo, bensì accogliere, dar loro uno spazio per essere *viste*, lasciar riposare, abbracciare, riporre, poter ritrovare e osservare quando serve, tenendole a vista, a portata di mano, ciascuna con le proprie caratteristiche uniche, la propria dignità.

Essere capaci di saperle riconoscere, legare ogni sensazione fisica all'emozione che si sta provando, al fine di comprendere *cosa* si sta provando, tentando di capirne anche il perché, se si ha voglia. In questo modo, con un cesto pieno zeppo di ogni tipo di emozione, le tue orecchie diventeranno più grandi per le parole degli altri, senza dover affibbiare loro spiegazioni che vengono dal fondo della tua mente, invece che dalla tua analisi obiettiva del momento. La tua mente si farà più libera, il terrore diventerà timore, la malinconia diventerà nostalgia, la rabbia e la frustrazione si trasformeranno in determinazione e concentrazione, e non incapperai più in relazioni costruite sull'incoscienza, il bisogno, la scelta bendata di affidarsi a quello stupido paradigma del destino invece che alle tue reali preferenze; quelle che possono guidarti meravigliosamente e con sincerità verso la relazione appagante che puoi creare solo con coloro i quali davvero *desideri custodire* e che vorresti ti *fossero custodi* nel e del divenire.

Sapere cosa provi, quando lo provi, mentre lo provi, come si chiami, ti dà un superpotere: quello di comprenderti, nel tempo. Di capire cosa vuoi, chi sei, cosa ti muove, perché. Di capire a chi somigli. E, non avendo paura di affrontarti, non avendo terrore delle cose che senti, poiché le conosci, non ti prenderanno più di sorpresa e avrai tutto il tempo e il modo di sentire anche l'altro; di ascoltarlo, di lasciarlo esistere e, con un po' di allenamento da parte di entrambi, di capirlo.*

Le emozioni e la loro comprensione sono alla base della conoscenza del tuo percorso di vita e, una volta capito che musica suoni, sulla base delle corde che possiedi e che pizzichi e che vibrano in modo unico, puoi unirti in concerto a coloro che desideri; qualcuno che, in te, troverà musica da accompagnare alla propria, invece che solo un modo per riempire il silenzio del proprio dolore, come magari è accaduto fino a oggi.

---

* Come sempre, nei limiti del possibile. "Capirlo" significa capire il suo momento, non capirlo nella sua interezza.

Le tue relazioni, finora, hanno tentennato poiché non hai mai beneficiato del creare un legame emotivo con gli altri, e questo, come abbiamo visto, è potuto avvenire poiché nessuno intorno a te è stato mai davvero emotivamente connesso, non avendo mai potuto imparare come riuscirci.[2] Per stabilire un collegamento emotivo con un'altra persona, devi sentire ed esprimere le tue emozioni in modo autentico; questo permette di sentirsi veramente *visti*, compresi, supportati nei propri desideri e bisogni, *in primis* dalla persona più importante della tua vita (tu) e poi da chiunque altro, con cui suonare la stessa partitura, ognuno con i suoi strumenti musicali. Non puoi né *sentire* né *vedere* nessun altro, comprendere se siate compatibili, se prima non senti e vedi chi sei. E questo, ora, noi faremo.

7

delle emozioni

MA come si impara a sapere cosa si prova? Come si comprende cosa si sente, come si distingue una sensazione da un'emozione e, soprattutto, come le si dà un nome che sia universale? Universale per capire noi come stiamo e poterlo comunicare agli altri, e per capire l'altro come sta e poterne parlare, senza farci suggestionare dalla nostra esperienza e dalle lenti appannate dalle nostre proiezioni. Siamo qui per questo, per imparare a farlo e non dimenticarlo più. Lo faremo a partire da un mezzo potentissimo e già a tua disposizione: inizieremo dal tuo respiro. Tu ora, infatti, devi "solo" *respirare*.

Ti chiedo, per favore, di prendere un bel respiro profondo, anzi, profondissimo.

Inspira. E quando hai incamerato abbastanza aria, espira. Leggi ogni riga con calma, porta a termine l'indicazione con i tuoi tempi e poi procedi, senza fretta, senza costrizioni. **Siamo qui per te, per te e per nessun altro.**

Prendi un altro respiro, questa volta ancora più profondo: deve portare aria dove non arrivava da anni e poi espirare. Vediamo come riuscirci al meglio.

Inizia a spostare la tua attenzione su *come* stai respirando: accorgiti, innanzitutto, di stare effettivamente respirando. Essendo un automatismo, non hai bisogno di pensarci, di solito.

Ora che la tua attenzione è sul respiro, concentrati sul *modo* nel quale inspiri: sul sentire l'aria entrare, farsi spazio. Quando hai preso abbastanza aria, espira pure e torna, sempre con calma, in modo naturale, a inspirare.

Quando inspiri fallo dal naso. E, soprattutto, fai una cosa per me: inspira un po' più forte. Riempi la pancia.

Se ti accorgi di stare riempiendo solo il petto, che le spalle si alzano, allora devi cercare di portare l'aria più *giù*. Se la pancia si sta in effetti riempiendo, benissimo, ora faremo ancora di meglio. In entrambi i casi: osserva l'aria che entra e che esce; con i tuoi tempi, non forzare assolutamente nulla. Continua così, come stai facendo. Espira pure dalla bocca.

Inspira di nuovo dal naso: mentre osservi l'aria entrare e farsi spazio attraverso di te, *pensala* in profondità. Spingila giù. Le spalle, premile verso il basso. Visualizzalo bene questo respiro, fallo arrivare in fondo, sotto, verso lo stomaco, verso il bacino, verso l'intestino, in mezzo alle gambe.

Continua a respirare e a leggere, espira dalla bocca e inspira dal naso, senza fretta. Usa i tuoi *sensi* per sentire il respiro: con calma, senza pressioni, senza "va bene" e "non va bene". Non correre. **Sei al sicuro, non c'è niente di sbagliato in quello che fai, stai andando benissimo.** Procediamo con calma, seguiamo i tuoi tempi. Non importa dove sei, in che posizione sei, va bene tutto. A noi non interessa fare cose complicate, devi essere in grado di osservare il tuo respiro *sempre*, ogni volta che vuoi, senza limiti e senza dover adattare la tua vita per farlo. Altrimenti non ci serve: devi poter *sentire* il tuo respiro ogni volta che vuoi, solo così puoi guidarlo e portarlo dove ti serve. Dove ti *cura*.

Torniamo in alto: concentrati ora sulla tua testa, sul cranio, pensa alle ossa del cranio, sotto la pelle, sotto i capelli (se ne hai), e che tengono insieme il cervello e gli altri organi. Ora cerca di vedere – immaginare – un punto preciso del cranio: quello superiore, il capo. Dove si trova, più o meno, quella che nei bambini chiamiamo "fontanella" (quella che non si deve toccare quando sono piccoli).[3] Ora immagina un occhiello, immaginalo partire dalla parte centrale alta del tuo cranio, come se fosse installato lì. Un occhiello al quale si può agganciare un cordino. Immagina di non riuscire bene a sorreggere la testa in autonomia e di doverti affidare anche a questo cordino, che, una volta teso, ti aiuta a tenerla su; questo cordino da un lato si aggancia al tuo cranio e dall'altro è fissato al soffitto, o al cielo, come preferisci. Questa corda sottile scende dall'alto e arriva fino alla tua testa, nel centro alto della tua testa, sul tuo capo. Immaginala ora agganciarsi alla tua testa e iniziare a distendersi, come se dall'alto qualcuno la stesse tirando, piano, piano, per raddrizzarti per bene. Un movimento delicato, lento ma costante. Prendila tra le dita della tua mano, indice e pollice, e tirala tu verso l'alto. Questo filo che tira rimette in asse tutto: la tua testa, il tuo collo, la tua spina dorsale. Aiutala, senti come ti tira verso l'altro, svolgendo tutto il tuo corpo, raddrizzandolo e allineandolo.

Mentre ti riallinei per bene (non dimenticarti di respirare), cerca di lasciare andare le spalle. Spingile verso il basso. Ora sgancia la mandibola dalla mascella, stacca per un attimo la lingua dal palato e riappoggiala lì (è giusto che a riposo stia attaccata al palato, ma non in tensione) morbidamente. Benissimo. Sciogli quella ruga tra le sopracciglia, lì in mezzo agli occhi dove è tutto contratto. Benissimo.

E ora, mentre il filo continua a tenerti ben in linea, distendi meglio il collo: immagina di avere sopra le spalle dei bei pesi che le spingono in giù, "staccate" dal collo, altrimenti si continua a creare una tensione che non ti serve. Ora tieni a mente che le tue spalle sono premute verso il basso, come se ci fossero due pesi invisibili a spingerle. Inspira ancora una volta per bene, fai entrare tanta aria. Portala bene giù, ovunque, con quest'aria ci devi riempire tutto lo sterno, lo stomaco, la pancia, i fianchi e persino la schiena, all'altezza dei reni. Sei un bellissimo palloncino.

Se senti un po' di resistenza, di fastidio, è normale: in quei luoghi non entra aria da anni. Non preoccuparti della tua pancia che si gonfia, è bellissima, te lo giuro. Vai così, stai andando benissimo. Inspira più che puoi, fino a che non stai per scoppiare, trattieni l'aria per qualche secondo e poi, con calma, inizia a buttarla fuori, sempre dalla bocca. Espira piano, fai uscire tutta l'aria un po' alla volta. Percorri "la strada" al rovescio: concentrati su tutti i luoghi al tuo interno dove hai portato aria e, uno per volta, svuotali tutti, non deve restare niente, nemmeno un refolo. Quando è tutto, tutto vuoto, contrai gli addominali per qualche secondo e poi, di nuovo, con calma, inspira.

Questa volta sia l'inspirazione che l'espirazione le devi svolgere ancora più lentamente. Inspira piano, riempi completamente, mettici il giusto tempo. E una volta riempito tutto, dopo aver trattenuto l'aria per qualche secondo, imposta le labbra e la bocca come per fischiare ed espira piano, da quel "tubicino" che hai creato con le labbra, fuori tutto piano, piano.

Inspira dal naso.

Trattieni.

Espira dalla bocca.

Finito di espirare contrai gli addominali per qualche secondo.

Rilascia gli addominali.

Chiudi gli occhi, se vuoi, e vai avanti.

Inspira.

Con calma.

Ancora un po'.

Forza.

Trattieni.

Espira.

Ancora un po'…

Quando tutta l'aria è uscita, trattieni.

Ancora un po'…

E *rilascia ogni tensione.*

Ora riprendi a respirare regolarmente, segui il tuo ritmo. Voglio che osservi una cosa: guarda come, respirando, le spalle sono finalmente ferme e la pancia si solleva, nella parte più bassa, nella sezione vicina al bacino. Prova a percepire, in questo momento, quali altre parti del corpo riverberano del tuo respiro. Eccellente. Non è facile respirare così, sappilo. Sembra la cosa più naturale del mondo, ma decine di anni di costrizioni e perfezionismo hanno influito sulla tua capacità di riempire il corpo, come si deve, di un buon respiro, e ora ci stai riuscendo e questa è l'unica cosa che conta. Ora che stai respirando per bene possiamo concentrarci sul resto, sul tuo corpo e sulle sensazioni che vi senti all'interno e in superficie.

Ricorda questo momento, memorizzalo come il tuo *tracciato zero*, come il lenzuolo pulito appena messo sul letto, come uno stato neutro, al quale puoi sempre tornare. Come l'istante dopo lo sternuto. Ogni volta che ti serve premere il pulsante "reset" rileggi queste pagine, respira in questo modo e portati a *zero*.

Ti serve per annotare ogni cambiamento dello stato iniziale del tuo corpo, attraverso lunghi respiri ben fatti.

Pensa a cosa provi, dove lo provi. Pensa a cosa senti, dove lo senti. Pensa alla parte bassa del tuo corpo, cosa senti? E al centro? E nella parte alta? E sul viso? E la testa? La pelle? Le ossa? Gli organi, li senti? Il cuore? Riesci a sentirlo? Hai fastidi? Dolori? La testa fa male? E lo stomaco? La schiena? Mentalmente annota tutto. Percepisciti, senti dove *sfiori*, dove *stridi*, dove *suoni*, dove *premi*, senti fino a dove arriva il respiro. Ammira il contorno che dipinge. Ecco, questo contorno e questo cuore e questo spazio nel mondo sono i tuoi; questo contorno e questo spazio e questo cuore e questo respiro: sei tu. **Questo contorno, frastagliato, nel mondo sei tu**, e io ti trovo fenomenale.

Le emozioni, sono universali? Le principali sì. E lo sappiamo con certezza. La scienza ne riconosce nello specifico sei, e le considera *primarie*: **sorpresa**, **paura**, **rabbia**, **gioia**, **tristezza** e **disgusto** (che contiene anche il disprezzo, anche se il disprezzo è un'emozione leggermente più complessa, ma ci arriveremo). Queste sono universali poiché riconoscibili e presenti in tutte le culture del mondo. Non dipendono dal contesto, dall'educazione ricevuta o dalla relazione fra chi le prova. Le provano tutti e a tutte le età, in ogni luogo del globo terraqueo abitato dall'essere umano; la loro universalità è stata dimostrata attraverso numerosi studi interculturali, mostrando come queste emozioni siano espresse e riconosciute da persone di diverse etnie e background culturali.

Pensa che meraviglia: sappiamo che esistono e sono universali perché, chiunque le esprima, le mostra sul proprio volto nello stesso modo, a qualunque età e in qualunque luogo.* Siamo certi dell'universalità delle emozioni non tanto per cosa proviamo internamente, che può variare leggermente da individuo a individuo, bensì per come lo esprimiamo esteriormente.

Il modo nel quale proviamo un'emozione, infatti, è uno spettro. Possiamo sentire parte di quello spettro, diversamente, di volta in volta, e di persona in persona, e provarlo a differenti intensità. Tu e io magari sentiamo la gioia in modo differente, caratterizzata per me da alcuni livelli di quello spettro e per te da altri. Io magari sento un formicolio piacevole, o il rilassamento di alcuni muscoli; tu, invece, provi calore e un senso di esaltazione. Ma entrambi la mostreremo al mondo, agli altri, con le stesse espressioni ben precise sul volto, delineate dalla stessa muscolatura; comunicando che è proprio gioia quella che stiamo provando.[4] **Le emozioni primarie sono come le note fondamentali di una melodia: semplici, pure e universali.** Non sono "pensate", sono istintive, non contengono una valutazione interna, non vengono "decise". Sono automatiche.

Le emozioni che prevedono sfumature, che vengono

---

* Sebbene l'espressione delle emozioni sia universale, alcune variazioni possono emergere in specifiche patologie conclamate dove vi è una compromissione dei circuiti neurali che regolano il riconoscimento e l'espressione emotiva.

passate in qualche modo al setaccio della nostra valutazione, invece, possiamo definirle *secondarie*. Queste ultime possiamo considerarle una sorta di combinazione tra le emozioni primarie e il pensiero, proprio come i colori secondari derivano dalla mescolanza dei colori primari.

Le emozioni elaborate, infine (sia primarie che secondarie), quelle sulle quali riflettiamo una volta provate e che fanno parte di un quadro più ampio, sfaccettato e multi-emozionale, sono invece i *sentimenti*.[*] Al contrario delle emozioni, proprio perché legati alla nostra interpretazione e assegnazione di significati, i sentimenti non sono universali (inteso come codificabili per tutti alla stessa maniera), bensì subiscono l'influenza culturale, sociale e, ovviamente, personale degli individui che li provano.

Ma cosa sono le emozioni? **Le emozioni sono risposte psicologiche e fisiologiche complesse che si verificano in seguito a stimoli interni o esterni.** Queste risposte sono generalmente di breve durata[**] e coinvolgono cambiamenti nel comportamento, nei pensieri e nelle sensazioni corporee. A cosa servono? Le emozioni influenzano la nostra percezione del mondo, come interagiamo con

---

[*] Riassumo: Emozioni primarie: istintive, possiamo paragonarle ai colori primari. Emozioni secondarie: contengono valutazione, possiamo paragonarle ai colori secondari. Sentimenti: emozioni elaborate a posteriori, possiamo paragonarli al quadro "finale" che osservi, dopo averlo dipinto.

[**] Pensa che l'emozione che dura di più, dura soltanto, al massimo, 90 secondi, ed è quella della rabbia. (Te ne parlo qui: *Il libricino della felicità. Come liberarsi dalle zavorre e raggiungere i propri obiettivi*, 2019.)

gli altri e come prendiamo le nostre decisioni. Quando parliamo di emozioni primarie, inoltre, la loro funzione è ancestrale: **le emozioni primarie ci tengono in vita, ci aiutano letteralmente a sopravvivere.** Io dico che sono *cartelli stradali.* Mentre vivi la tua vita hai a che fare con degli input che possono essere esterni o interni (i tuoi stessi pensieri); ebbene, per farti sopravvivere (per *metterti sulla strada giusta*), la mente ti fornisce dei *cartelli*, quei cartelli sono le emozioni primarie. **L'emozione che provi serve a farti sopravvivere.** Ognuna porta con sé delle tracce evolutive straordinarie, raffinatesi nell'*Homo sapiens*, apparso per la prima volta circa 300.000 anni fa in Africa orientale.[5] Ogni emozione, quindi, devi pensare che arrivi a indicarti la strada, basandosi sulle tue necessità organiche, primordiali, non negoziabili per la mente. Vediamole.

Sorpresa

La sorpresa è un'emozione che dura un'istante, è la più rapida di tutte ed è anche quella che spesso viene simulata o, almeno, come si dice in gergo, *elaborata cognitivamente*. Sai come ne riconosci una un po' meno istintiva? Quando dai una notizia a qualcuno che apre la bocca (segnale genuino di sorpresa) e, invece di richiuderla subito, come potrebbe fare un bambino, la lascia aperta. Mantenere la bocca aperta dopo la sorpresa (come fanno spesso i conduttori televisivi) è un modo semi-inconsapevole della persona ricevente di dire al suo interlocutore che l'input (la notizia) è importante, che sta ascoltando, che sta interagendo attivamente in quella conversazione, che gli importa. In questo senso si passa dall'emozione spontanea («Sono sorpreso») alla sua elaborazione cognitiva («Ero sorpreso un istante fa, ora non lo sono più ma tengo la bocca aperta per farti capire quanto sia importante per me quello che stai dicendo»).

In realtà, appunto, la sorpresa genuina dura un istante, e serve come prodromo per le altre emozioni. Si verifica, ovviamente, quando accade qualcosa di inaspettato. Il suo stimolo interno è l'assenza di preparazione a un evento, mentre lo stimolo esterno è un evento nuovo o inatteso.

La sorpresa è ontologicamente neutra. È l'emozione successiva che dirà se stiamo recependo bene o male quella novità (dopo la sorpresa può esserci rabbia, paura, gioia, tristezza, disgusto, qualunque emozione). La sua funzione principale è quella di reindirizzare l'attenzione e i processi cognitivi verso il nuovo stimolo per valutarne la natura e l'importanza. È come un meccanismo di reset che ti prepara a rispondere rapidamente a cambiamenti improvvisi nell'ambiente.

Immagina di stare camminando e di ascoltare la musica nelle cuffie. Immagina di mettere un piede in fallo giù dal marciapiede, con il semaforo rosso. Poco prima di appoggiarlo, una macchina ti suona il clacson. La tua mente smette di percepire la musica, sente il rumore del clacson e si "ferma" (input interno), si accende la sorpresa e subito la tua attenzione si rivolge verso il piede. Quello che succederà dopo, se ritrarrai il piede o compirai il passo, sarà una decisione cognitiva o una risposta automatica in seguito a un'altra emozione ma, per la tua mente, sarà stata comunque la sorpresa il cartello con il messaggio: EHI, C'È BISOGNO DI ATTENZIONE.

L'emozione della sorpresa è in effetti un enorme cartello con su scritto: EHI! GUARDA QUI! La sorpresa fa sì che la tua atte zione si concentri immediatamente sull'evento inatteso, permettendoti di valutare subito la situazione. Blocca temporaneamente le attività in corso, consentendoti di riconsiderare il tuo comportamento in risposta al nuovo stimolo.

Attiva un insieme di risposte fisiologiche e psicologiche che ti preparano a reagire all'evento inatteso.

Immagina ora un altro tipo di "passeggiata", di camminare nella giungla e sentire improvvisamente un rumore forte e inaspettato. **Non è la paura a farti fermare, bensì la sorpresa**, che ti fa focalizzare l'attenzione sul rumore e valutare rapidamente se rappresenti una minaccia. Se deciderai che è pericoloso (magari un animale selvatico), la paura potrebbe subentrare, preparandoti a fuggire, attaccare o a immobilizzarti. Se invece riconoscerai il rumore come qualcosa di innocuo (un ramo che cade), la tua risposta potrebbe essere di sollievo (gioia), seguita dalla ripresa delle tue attività precedenti (camminare).

L'emozione della sorpresa si evolve rapidamente in un'altra emozione a seconda della valutazione del nuovo stimolo, potremmo quindi considerarla un'emozione *ponte*.

Paura

Lo stimolo interno della paura è il sentirsi inadeguati alla situazione perché troppo deboli per sostenerla (fisicamente o psicologicamente). Lo stimolo esterno, invece, è l'esistenza di qualche pericolo per la nostra sopravvivenza (fisica o psicologica), qualunque tipo di minaccia.

A cosa serve la paura, quindi? A mettere in atto le nostre strategie di sopravvivenza più efficaci: l'attacco, la fuga o il congelamento.* Di volta in volta, la nostra capacità di adattamento all'ambiente ci aiuta a scegliere la migliore delle tre.

La paura è fondamentale, senza la paura saremmo morti. Avere paura di morire, quando avvertiamo un pericolo, è il modo nel quale l'evoluzione ci tiene in vita. Pensare che avere paura sia una debolezza sarebbe come dire che avere la bocca per mangiare è un inutile orpello, visto che abbiamo già altri buchi. Nella pagina successiva ti farò un esempio che non mi piace doverti fare, ma è importante, perché ti spiega tante scemenze che leggi in giro.

Le risposte possibili alla paura sono tre e soltanto tre, non ce ne sono altre. Queste tre risposte possono tradursi all'atto pratico in tante cose diverse, ma ne puoi sempre riconoscere la matrice. Se hai paura di qualcosa, siamo certi

---

* Di come usiamo queste difese e perché, parlo profusamente in *Tu non sei i tuoi genitori*, cit.

che la tua risposta sarà una di queste tre: fermarti di colpo e immobilizzarti, scappare o attaccare (*freeze, flight* o *fight*).

Esempio: hai due anni e qualcuno urla contro di te. Anche se non c'è alcun pericolo fisico reale (perché quella persona che urla è tua madre o tuo padre che è "solo" incapace di regolare le proprie emozioni, e in preda alla frustrazione, senza realmente minacciare la tua incolumità fisica), se la tua mente percepisce un pericolo (cosa che a due anni succede continuamente, perché tutto è nuovo e quindi potenzialmente spaventoso), tu rispondi attraverso una delle tre citate possibilità. Magari gli lanci qualcosa contro (attacco), oppure ti ritrai (fuga), oppure ti immobilizzi e non emetti più un suono (congelamento), finché non intervengono rabbia e poi tristezza, e inizi a urlare e a piangere.

Altro esempio: se sei in un vicolo buio e qualcuno vuole derubarti, o gli tiri un pugno (*fight*), o scappi via (*flight*), o ti blocchi e gli lasci prendere tutto quello che vuole (*freeze*).

E infine, ecco un ultimo esempio, quello che avrei preferito non fare: se subisci violenza sessuale puoi cercare di ribellarti menando le mani o mordendo (attacco), puoi cercare di divincolarti per correre via (fuga), oppure puoi pietrificarti (congelamento), perché la tua mente percepisce che no, non c'è via di fuga e non c'è nemmeno modo di stordire o allontanare l'aggressore e, di conseguenza, la strategia più utile, necessaria alla tua sopravvivenza, quella che ti dà maggiori possibilità di restare in vita, è lasciar fare l'aggressore, non opponendo resistenza, per farlo finire il prima possibile e sperare che ti liberi.

Sappi che, all'interno della strategia che la mente offre sotto forma di *freezing*, è stato scoperto che esiste una modalità ancora più specifica che si chiama *fawning*, dall'inglese *to fawn* che significa adulare.

Questo è il motivo per il quale capita che le vittime di violenza non si ribellino, e addirittura si mostrino docili; ed è al contempo il macabro e disgustoso alibi che accampano i loro aggressori per lavarsi di dosso un reato mostruoso, e lo stesso che usano coloro che tentano di liquidare la questione, profondamente radicata nella società e nei comportamenti collettivi, colpevolizzando le vittime.[6] Questa è la squallida cantilena che leggi o senti ripetere da chi si permette di infangare un dolore e un torto subito grande come questo, asserendo che fingano, poiché le vittime non hanno opposto resistenza o non lo hanno fatto a sufficienza o, a un certo punto, hanno ceduto.

Ti chiedo di prenderti un momento per rileggere quanto scritto, ma sostituendo questo esempio con quello precedente. Se qualcuno raccontasse di aver subito una rapina e che per non morire avesse lasciato fare il ladro, dicendogli per di più «Prendi tutto quello che vuoi, non opporrò resistenza» (*freeze* e *fawn*), nessuno penserebbe che stia mentendo o che avrebbe dovuto ribellarsi e non farsi derubare. E questo ci fa riflettere sul trattamento che riserviamo alle vittime di violenza.

Visto che questo tipo di discorso mi fa provare rabbia, ecco che passo a descrivertela.

Rabbia

Lo stimolo interno della rabbia è un bisogno, il suo stimolo esterno è la risposta a quel bisogno, qualcosa che lo accontenti, una risorsa pronta all'uso per sopperire a quel bisogno. Hai fame (input interno, bisogno), hai un panino nello zaino (input esterno, risorsa), tra te e il panino ci sono altre due ore di lavoro (ostacolo). Non potrai mangiare per altre due ore. Ti arrabbi. Ti arrabbi perché sei triste? No. Perché sei infelice? No. Perché provi frustrazione? No. Perché allora esperisci rabbia? La rabbia arriva quando tra la tua risorsa (il panino) e il tuo bisogno (la fame) trovi un ostacolo (il tempo che devi passare a lavorare prima della pausa pranzo).

L'obiettivo della rabbia è indicarti di attivare ogni possibile strategia funzionale a rimuovere quell'ostacolo. Nel tuo caso, fino all'ora di pranzo, **la rabbia arriva per darti maggiore concentrazione e determinazione, per fornirti la resistenza alla fatica, per ricordarti che alla fine del tuo sforzo ci sarà ciò che desideri, e questo ti farà procedere con maggiore energia**. Queste caratteristiche: determinazione, concentrazione, agevolazione della fatica, dispendio energetico, sono tutte risposte della rabbia.

Torniamo alle "passeggiate": camminando nella giungla, dopo aver sentito il rumore di prima, in seguito alla *sorpresa* (che ti mette in ascolto con ogni fibra del tuo corpo e ti fa tendere l'orecchio), è la *paura* a tenerti all'erta fisicamente e a farti immediatamente irrigidire (congelamento) o scappare (fuga) o tirare fuori un fucile (attacco); ma è la *rabbia* che, una volta che ti sei eventualmente imbattuto nell'animale feroce, ti fa mantenere la calma e la concentrazione per decidere cosa sia meglio fare. La paura eviterebbe qualunque valutazione consapevole, innescando uno dei meccanismi di risposta nominati precedentemente, la rabbia, invece, ti offre altre strategie: devi andare oltre l'ostacolo, per sopravvivere, giusto? Come vedi, nella rabbia non c'è nessuno stimolo all'attacco. Come hai letto poche righe fa, l'attacco è una delle risposte attivate dalla paura, non dalla rabbia.

Quando rilevi aggressività, in te o negli altri, quella che stai osservando non è rabbia, è paura. L'obiettivo della rabbia è rimuovere l'ostacolo, non attaccarlo.* **La rabbia è il più potente richiamo alla nostra capacità di risolvere i problemi**, la determinazione è a tutti gli effetti sostenuta dalla rabbia.

Il fatto che esistano emozioni positive ed emozioni negative è una delle più grandi bugie della credenza popolare.

---

* Nel senso che alla rabbia se attacchi o meno per rimuovere l'ostacolo non interessa nulla, basta che tu lo rimuova, scegli tu come.

Non esistono emozioni negative ed emozioni positive, sono tutte funzionali: basta saperle riconoscere.[*]

Gioia

Passiamo alla gioia: esiste lo stesso identico paradigma della rabbia, ma nessun ostacolo. Lo stimolo interno è un bisogno (la fame), lo stimolo esterno è la presenza di qualcosa che soddisfi quel bisogno (il panino), la gioia serve a indicarti che hai fatto tutto in modo efficiente, che il migliore dei risultati sperati è stato raggiunto (hai fame → è ora di pranzo → mangi). È il cartello che segnala il gol, il traguardo, il successo e dice alla tua mente: «Ottimo! Hai fatto benissimo! È questo quello che vogliamo!»^{**} e avvia il rilascio di ossitocina e dopamina, in modo da farti percepire il benessere che ti serve a ricordare come hai ottenuto quel successo, così da memorizzare la strategia

---

* Come hai letto alla fine del paragrafo precedente, "rabbia" per me scaturiva dal fatto di sentirmi impotente di fronte a un'ingiustizia, quella di usare due pesi e due misure per le vittime di violenza e le vittime di furto: l'input interno è il desiderio di un mondo equo, l'ostacolo è la difficoltà di riuscire a far comprendere la presenza di questa ingiustizia.

Un piccolissimo esercizio per te, se ti va: nella frase «oppure ti immobilizzi e non emetti più un suono, finché non intervengono rabbia e poi tristezza, e inizi a urlare e a piangere» scritta nel paragrafo sulla paura, per quanto riguarda la breve rabbia che prova il bambino, quali sono gli input, interno ed esterno, e qual è l'ostacolo? Fammi sapere la tua risposta.

** Ti ricorda qualcosa?

applicata e ripeterla (nel caso del lavoro, per esempio, l'ottima gestione dell'attesa fino all'ora di pausa). **La gioia ti indica i comportamenti più efficienti ed efficaci, così da invitarti a riprovare le stesse strategie per arrivare a realizzare ciò che hai già ottenuto.**

Tristezza

Anche la tristezza è estremamente utile per la sopravvivenza, arriva infatti quando qualcosa di spiacevole avviene e tu non puoi o non devi (almeno in quel momento) fare niente se non *stare*.

Altra caratteristica controproducente dei nostri tempi è proprio, purtroppo, l'incapacità di *stare nella tristezza*, quando **la tristezza è la più grande forma di amore per noi stessi che possiamo provare.** Non fraintendermi, non significa che la tristezza ti arrechi *benessere*,* inteso come uno stato piacevole, ma ti serve: aiuta a fermarti quando non devi andare avanti. Ti aiuta a riposare, a ricaricarti, a comprendere i tuoi limiti, ad accedere alle tue risorse più profonde e – in quanto parte della vita – non va evitata e combattuta, va accolta e capita.

---

* Benessere e salute mentale sono cose diverse. Sapere questo ti risparmia di credere in centinaia di migliaia di bufale che ti spacciano l'uno per l'altra e viceversa.

Pensa questo: **il problema – e vale per tutte le emozioni – non è l'emozione in sé e per sé, ma la totale incomprensione o mistificazione di ciò che l'emozione ci fa provare.**[*] Il problema è il conseguente attacco a quell'emozione, o la fuga da quell'emozione, o lo spegnere la luce su quell'emozione (hai capito benissimo: abbiamo paura delle emozioni). Imparare a dare un nome alle emozioni ci consente di viverle senza il costante timore di non farcela; senza la sensazione sempre presente e spaventosa di non sapere cosa ci stia succedendo, proseguendo al contrario più sereni di prima, con bagagli migliori, strumenti migliori e meno pensieri "persecutori".[**]

Lo stimolo esterno della tristezza è la perdita di una cosa importante, quello interno è la consapevolezza di averla perduta. La tua mente, come sempre, vuole che tu sopravviva, e per prepararti alla prossima sfida ha bisogno che tu sappia che qualcosa è cambiato, così da non farti sprecare energie nel ricercare ciò che non è o non c'è più. La mente vuole che tu comprenda *il lutto*. La mente non vuole che utilizzi la rabbia per cercare qualcosa che hai perso per sempre, non vuole che usi la paura per scappare o congelarti o attaccare qualcosa che hai perso per sempre. Queste non sono le strategie più efficaci. La strategia

---

[*] Succede anche con l'ansia, ma ci arriveremo.
[**] «Cosa c'è di sbagliato in me?» «Perché mi sento così?» «Devo essere una persona che non vale niente.»

efficace per gestire qualcosa che non è più è l'elaborazione del lutto e **il lutto, per elaborarlo, devi prima accettare di doverlo affrontare.**

La tristezza offre le lacrime che ti accarezzano il viso in un atto consolatorio; rallenta i movimenti; fa emergere la stanchezza, così da farti riposare e prenderti un momento per te. **La tristezza è la tua mente che spegne tutti gli interruttori e dice di fermarti.** Ti porta a compiere gesti per te, come metterti a letto o mangiarti un gelato, **perché qualcuno deve prendersi cura di te, e quel qualcuno sei tu.** La tristezza è la tua pausa fisiologica dalle avversità, dalle responsabilità che, nel momento di un lutto (qualunque esso sia), non sono per te tollerabili: non avresti la lucidità per affrontarle.

Hai perso tutte le foto dal tuo telefono? Ti hanno rubato la macchina? Qualcuno ti ha lasciato? Hai perso l'occasione di ottenere un buon voto o di fare un buon lavoro? Un amico ti ha tradito? Devi fronteggiare una malattia? Hai perduto una persona cara? Pensa a queste situazioni, ha senso che ti agiti e scalpiti (paura)? No. Ha senso che provi a fare qualcosa (rabbia)? Può darsi, ma una volta provato a sistemare le cose (rimuovere gli ostacoli), se non dovessi riuscire, ha senso continuare? No. Cosa ha senso adesso? Non tra un'ora, una settimana, un mese. Cosa ha senso *ora*? Prendere un momento per volerti bene e ricaricarti per poterlo affrontare, così com'è.

La tristezza è il cartello che ti guida verso la strada

dell'accettazione di qualcosa che prima era in un modo e ora non è più, e per la quale tu non puoi fare nulla. È il tuo lasciapassare per amarti, poiché è solo amandoti che puoi affrontare il dolore e la perdita. La tristezza ti consente, dentro il cespuglio dove hai trovato rifugio quando hai sentito il rumore in mezzo alla giungla, di smettere di agitarti perché chiameresti il predatore a gran voce. Ti dice: "Non verrà nessuno a salvarti" (input interno) e stacca la presa della tua energia. Così da poterti ricaricare, realizzare che devi contare su di te, far entrare in campo le altre emozioni e procedere ad attuare altre strategie.

Senza la tristezza, o rinnegandola, contrastandola, spingendola via, perdi ogni forza, ti dimeni senza motivo, non accetti la realtà, procedi alla cieca, senza volere per te quell'amore del quale hai bisogno. È quell'amore che ti dice che stai vivendo, che stai soffrendo e che, proprio per questo, ne vale la pena: **«Ciò che hai perduto era importante per te» è la tristezza che lo sottolinea.**

Nella nostra società, molte emozioni vengono viste "male", e la tristezza, purtroppo, è una di queste. Quante volte ti hanno detto: «Ma cosa piangi? Cosa c'è da piangere?» Quante volte hai sentito di qualcuno che fosse "una lagna". Quante volte hai pensato di un amico che soffriva per aver perso il proprio animaletto domestico, che stesse esagerando. Quante volte, di un bambino che piange, hai sentito dire: «Che palle, quante storie, è proprio un attore…» Quante volte, quando la tristezza è parte di un quadro clinico compromesso, di una malattia, di un disturbo dell'umore come la depressione, abbiamo pensato: «Basterebbe la forza di volontà».* Ebbene: sono tutte enormi sciocchezze. **La tristezza è l'emozione che ti salva la vita e ha bisogno del suo spazio.**

Così come, se diventa invalidante, sta segnalando che qualcosa nel profondo non va: ti sta rallentando, togliendo energia, facendoti sentire una stanchezza prolungata e limitante, un senso disperato di malessere e va portata davanti a un professionista della salute mentale immediatamente.

Provandola non ti devi odiare, e vedendola negli altri deve accendere la tua compassione, non il tuo fastidio. Fino a oggi, non è stata colpa tua, ti hanno cresciuto indicandoti che la tristezza rende deboli, lo capisco. Ma da oggi puoi immettere nel mondo quella compassione verso di te e verso gli altri della quale abbiamo tutti tantissimo bisogno, combattendo i tuoi pensieri contrari, quando e se dovessero emergere davanti alla tua o all'altrui tristezza.

Anche perché, quando provi fastidio per qualcosa o qualcuno, l'emozione che scaturisce è un'altra ancora, anch'essa profondamente malvista dai più, fondamentale invece alla tua sopravvivenza. Vediamola.

---

* Il 40-70% dei pazienti depressi ha pensieri suicidi, il 10-15% circa dei pazienti con depressione grave e ricorrente muore per suicidio. Il 90% delle persone che si suicidano soffrivano di un disturbo psichico, il disturbo più presente in esse è la depressione. OMS, *World Health Statistics 2019*, aprile 2019.

Disgusto

Il disgusto è una delle emozioni più ostracizzate dalla società, l'emozione che viene contrastata fin da quando siamo piccoli e ci costringono a mangiare cose che non vogliamo mangiare e ad accettare baci che non vogliamo accettare. Invece, è lì pronta a salvarci letteralmente la vita.

La tua crescita è disseminata di indicazioni per abituarti a contrastare e sotterrare il disgusto, per insegnarti ad accontentare gli altri. Sempre. Dire sempre di sì, perché «Dire di no è brutto, poi ci restano male».

Dobbiamo invece farti riscoprire il disgusto, perché **il disgusto è l'emozione dell'allontanamento salvifico**. Il cartello che dice: NO, NON PER DI LÀ, SPOSTATI, LEVATI DA LÌ! Quello che ti fa retrocedere o espellere velocemente qualcosa che, altrimenti, ti intossicherebbe. Lo stimolo interno, infatti, è un bisogno, un desiderio. Lo stimolo esterno è invece – come già abbiamo visto nella gioia e nella rabbia – la presenza di qualcosa che possa sopperire a quel bisogno.

Come esempio prendiamo ancora una volta la fame e un cibo ma, questa volta, si tratta di uno lasciato per troppo tempo ad aspettarci nel frigorifero. Ti avvicini per addentarlo e qualcosa fa scattare dentro di te l'emozione del disgusto (un odore, un colore, una consistenza), la risposta del tuo corpo è presto detta: istantaneo allontanamento, chiusura delle fauci, conato di vomito. Il disgusto previene l'ingestione o, se già avvenuta, espelle con forza e il più velocemente possibile la sostanza sbagliata, che ti fa del male.

In campo psicologico funziona allo stesso modo: **il disgusto ti fa disegnare i tuoi limiti. Entro quei limiti, nessuno deve poter entrare. Nessuno deve toccare, avvicinarsi. Ti salvaguarda dalle invasioni.**

Il disprezzo, come ti dicevo, è parte del disgusto. Ne è parte perché è un disgusto meno istintivo e più "riflessivo", consapevole. Nell'emozione del disprezzo, che evoca le stesse identiche sensazioni del disgusto, interviene la valutazione. La valutazione di ciò che puoi e non puoi rifiutare. Intervengono l'etica, la morale, il tuo modo di vedere le cose, il tuo modo di giudicare te e gli altri e il mondo. Ma tutto, sempre, parte da quanto hai permesso e permetti al disgusto di farsi spazio.

E sai perché è fondamentale il disgusto? Perché, a forza di dire di sì quando tutto dentro di te diceva di no, hai creduto che certe cose andassero bene a prescindere. Hai smesso di capire quali fossero i segnali di pericolo nelle situazioni e nelle persone, hai smesso di allontanarti da ciò che ti faceva orrore, che ti faceva e ti farebbe schifo anche oggi, che ti fa sentire una persona sporca e sbagliata, e l'hai interiorizzato, come se fosse colpa tua, come se dipendesse da te. **Per difendere chi e ciò che ti disgustava, hai imparato a disprezzarti.** Dandoti le colpe di ciò che non ti piace. Senza che nessuno ti spiegasse che le emozioni che provi sono tutte sacrosante, valide (perché sei valida tu come persona), hai creduto di stare provando, con il disgusto, qualcosa di sbagliato, di peccaminoso. E hai introiettato la responsabilità di quella emozione nel tuo modo di stare e di vivere. Sentendoti in colpa ogni volta che hai detto di no. Hai anestetizzato la tua emozione e hai negato il tuo desiderio (di allontanarti, in questo caso) e **lo sai cosa fa un desiderio quando viene negato? Si trasforma in un bisogno**.

È un po' che cammini, l'alba è sorta da qualche minuto e, piano piano, illumina ogni cosa. Le lucine si sono spente, i lampioni le hanno seguite. La notte, così come è arrivata, è scivolata via. La brina mattutina si sta già sciogliendo, e nell'aria si diffonde il profumo dell'erba umida. C'è un ponte di legno di fronte a te, non tanto largo, con dei bei corrimano lisci che si intiepidiscono al sole, mentre un venticello leggero pre-annuncia una fresca giornata. Il ponticello attraversa un torrente, dentro il quale intravedi dei sassi, lucidati dall'incessante scorrere delle acque. Lo attraversi in una manciata di passi e ti ritrovi in una radura. C'è una piccola costruzione sulla destra, un capanno. La porta è accostata, ti affacci.

«Non posso abbandonarli, hanno bisogno di me.»
«Sai, sono anziani, sono pieni di acciacchi, se non ci bado io, non hanno nessuno.»

«Come fai a fregartene? Non importa quanto male mi ha fatto, ora tocca a me prendermene cura, anche se odio ogni minuto.»

«Non può farcela senza di me, non riuscirebbe, non importa che mi abbia tradito, non posso andarmene, farei del male a troppe persone, ci sono degli obblighi nella vita e non sono una persona fatta così. Che persona sarei se me ne andassi?»

Quando un desiderio viene negato, si trasforma in un obbligo, mascherato da qualcos'altro. Pensa a quando, durante l'infanzia, nel rapporto con le tue figure genitoriali, hai cercato una tua indipendenza. Potrebbe non essere stata una scelta semplice, perché, in un modo o nell'altro, avrai incontrato degli ostacoli. Forse ti hanno sempre fatto credere di non essere abbastanza per farcela con le tue forze, oppure hai sempre dovuto occuparti dei dolori e dei dispiaceri di uno di loro, forse ti hanno convinto che senza di te non ce l'avrebbero fatta, forse hai dovuto mettere i tuoi bisogni a tacere molto in fretta, per poterti occupare di quelli della tua famiglia.

Ma l'indipendenza chiama tutti, *sempre*. E potrebbe essere arrivato un momento nel quale, pur di affrancarti e vivere la tua vita anche solo per un attimo, hai dovuto tagliare i ponti o hai provato ad allontanarti di netto. A mettere distanza. Ecco, quella distanza che hai tentato di stabilire, che tu abbia avuto o meno successo, era la tua unica soluzione per *essere*. L'unica per la tua indipendenza.

Per essere una persona a sé, senza dover dipendere dallo sguardo della tua famiglia per *sentirti*, non c'era altro modo che andartene da quel nucleo, anche solo figurativamente, poiché la tua percezione di quell'esperienza è stata che le regole non si potevano cambiare e nemmeno flettere, o si subivano o *non si stava proprio*. Tutto avveniva a un livello profondissimo e inconsapevole. E la tua scelta, o il tuo nuovo desiderio, per un attimo o per molto tempo, è stato quella di evitare quel rapporto. Evitarlo per poter sopravvivere.

Ma ecco che succede una cosa inaspettata e della quale non hai avuto modo di renderti conto: il desiderio di amare tramite la tua cura e la tua protezione, che per tanti anni hai esperito con il tuo nucleo famigliare, il tuo modo di amare elevando l'Altro, cercando di renderlo contento, felice, tutto il tempo, il tuo desiderio di realizzare i suoi sogni attraverso di te e le tue opere, il tuo modo di farti amare amando non è scomparso, è stato solo represso, negato. **Dentro il tuo cuore, il tuo desiderio di farti amare di oggi non è solo, è accompagnato da un altro desiderio: quello di amare.** Quello di poter amare. Quello di poter amare le tue figure genitoriali, nonostante tutto. E non importa che siano davvero le tue figure genitoriali, vale per loro ma vale anche per chiunque sul tuo cammino hai scelto per *interpretarle*, come abbiamo visto nei capitoli precedenti.

E questo desiderio – il solo sentirne parlare – ti fa

rabbrividire, perché qualcosa dentro di te, nel profondo, ti dice che non è possibile, che non può coesistere amare la tua famiglia, amare l'Altro, ed essere la persona che sei, con i tuoi bisogni e uno straccio di possibilità di sentirti libera. O l'una o l'altra scelta. Ed ecco che entra in gioco il "trucco" del tuo inconscio per lasciarti vivere quel desiderio che hai con così tanta forza relegato. Trasformare il tuo desiderio in un obbligo: se hanno bisogno di te non puoi abbandonarli, puoi odiarli mentre lo fai, ma comunque devi stare loro accanto.

Metti da parte, te lo chiedo ancora una volta, l'oggettivo, l'obiettività, i dati di realtà, metti da parte che ci siano davvero malattie e povertà e perdite e catastrofi da risolvere, e con le quali fare i conti: ricorda, **stiamo parlando di te, della tua esperienza soggettiva**, è questa che ci interessa. Ti ritrovi oggi in uno o più rapporti dove, per proteggere la tua identità, detesti qualcosa, ma a volte anche tutto, dell'altra persona e di come ti faccia sentire, eppure, ogni giorno, ogni messaggio sul cellulare, ogni richiesta altrui, ti fa trasalire, ricordandoti che quella persona potrebbe avere bisogno di te, potrebbe addirittura morire,* e il tuo senso di colpa non ti farebbe "sopravvivere".

La realtà è che quel senso di colpa è nella tua tasca, è il tuo desiderio di amare e di lasciarti amare, trasformato

---

* Per il tuo inconscio, ricorda, tutto è assoluto, non ci sono sfumature di gravità.

in un obbligo, che lo rende pesantissimo e impossibile da riporre altrove, perché impossibile anche solo da riconoscere. Credi dipenda dagli altri, dal destino, dal caso, dal karma, che tu non te ne possa liberare, e invece dipende da te. Sei tu che, inconsciamente, scegli di restare in una relazione dove soffri, perché **non puoi perdere te ma non puoi nemmeno perdere l'Altro.**

Dentro il capanno c'è di tutto. Oggetti ammassati ovunque, pile di libri, quaderni e fogli, vestiti infilati in sacchi che straboccano, fino al soffitto. Tutto è stipato: vecchi mobili, foto, quadri, pentole, stoviglie, tende, pinne e costumi da bagno, accessori da giardinaggio, gonfiabili bucati. Gli oggetti strabordano dalle loro colonne, sembra che tutto stia per cadere da un momento all'altro.

Ma noti qualcosa: una maschera di carnevale, e improvvisamente ricordi. Sei a una festa, intorno a te ci sono persone che si divertono, ma nessuno ti rivolge la parola o ti guarda. Ti senti invisibile, ma è sicuramente colpa tua, sei tu a non essere interessante.

Un telefono cellulare vecchio, con uno schermo incrinato e spento. Ricordi: dopo ore di conversazioni quotidiane, quella persona improvvisamente smise di rispondere, lasciandoti a fissare il telefono, ormai silenzioso. Avresti dovuto essere più interessante.

Una maglietta vecchia e usurata. Ricordi: quella

persona che si avvicina a te solo quando ha bisogno di qualcosa. Dipende da te, non sai dire di no.

Un lampeggiante coi fili tagliati. Ricordi: cammini per strada di notte e noti qualcuno che ti segue. Il tuo cuore batte più forte, hai paura. Nessuno ti ascolterà urlare, è colpa tua, te lo sei meritato.

Un paio di manette pendono dalla testiera rotta di un letto. Ricordi: ti controllava ogni mossa, chiedendo continuamente dove fossi e cosa facessi. Ti senti in prigione, ma quello è un modo di prendersi cura e te lo fai andare bene, una persona come te deve ringraziare di avere qualcuno che si preoccupi.

Uno specchio incrinato. Ricordi: hai condiviso un segreto personale, sperando in comprensione e supporto, ma è stato divulgato e ora lo conoscono tutti. Ti guardi nel riflesso, sei deforme.

Una sedia di paglia dalla seduta bucata. Ricordi: ridono tutti, tutti i giorni, sederti lì è come impazzire, non riesci a concentrarti, è colpa tua, non sei abbastanza intelligente e non ti applichi a sufficienza.

Vuoi andartene, osservi la porta d'ingresso, il chiavistello è rotto. Ricordi: avevi sempre paura di non stare facendo qualcosa, poteva entrare qualcuno e trovarti senza fare nulla. Senti il cuore battere all'impazzata, è colpa tua, dovresti smettere di perdere tempo. La stanza si sta facendo buia, di colpo la stanza sembra vuota. Non c'è nessuno. Solo tu.

Hai ricacciato indietro così tante volte il tuo disgusto, l'emozione che ti pregava di allontanarti dalle cose crudeli, che, a un certo punto, l'hai scambiato per vergogna, e hai creduto che tutto dipendesse da te. Non c'è niente di vero in ciò che credi di te, in nessuna cosa negativa che dici e pensi di te. In nessuno dei modi nei quali ti maltratti per rassomigliare a chi ti doveva amare, e ti ha solo spezzato, lungo la strada.

Ti muovi a stento nel buio, stavolta non lascerai che le cose prendano il sopravvento. Spalanchi la porta e fai entrare la luce. Non è colpa tua se a volte la solitudine abita tutto il tuo cuore, le persone che possono amarti così come sei esistono, e tu le troverai.

Raddrizzi la sedia e la metti a posto, hai sempre fatto tutto il possibile, non si poteva chiedere di più a una persona così giovane, non era un problema tuo, quell'incapacità era la loro.

Prendi il pezzo di specchio e ti fissi, riconosci il tuo viso. I tuoi segreti, le tue vergogne non dicono tutto di te, parlano solo di sfortuna e caso, che nella vita capitano, e per le quali hai inferto alla tua persona più che abbastanza. È ora di perdonarti. Non sei solo i tuoi errori, non sei l'errore di qualcun altro.

Prendi le manette e le stacchi dalla testiera del letto, sono di plastica. Non meriti l'ossessione di qualcuno che non sa stare da solo, meriti un amore capace, come quello che tu sai dare.

Prendi il lampeggiante e rimetti a posto i suoi fili nei circuiti. **Nessuno nella tua vita, nemmeno per un giorno, ha mai avuto il diritto di farti del male o muoverti violenza fisica, verbale o psicologica. Non hai nessuna colpa del male che ti è stato fatto, né mai l'hai avuta.** *È ora di lasciare andare quel dolore, perché ti sta distruggendo; sii triste per ciò che ti è accaduto, offri la giusta dignità all'orrore che provi, è una colpa non tua quella che porti con te.*

La maglietta, il telefono, la maschera, prendi tutti e tre gli oggetti e li butti nel cestino della spazzatura che vedi accanto all'ingresso del capanno. Non sarai più invisibile, i tuoi bisogni sono importanti e i tuoi pensieri altrettanto: non starai in compagnia di qualcuno solo perché è lì, quando gli fa comodo; sceglierai con più cura le persone accanto a te, te lo devi, lo devi alla tua generosità e intelligenza.

Dai un ultimo sguardo al capanno, non sono tue quelle cose, non sono più tuoi quegli oggetti. Quel posto non ti appartiene più, esci, riaccosti la porta alle tue spalle, ti giri e ti incammini nella radura, senza voltarti più indietro. Chissà che un giorno non tornerai lì a dare fuoco a tutto.

Le componenti principali delle emozioni sono: l'*esperienza soggettiva*, ovvero il modo nel quale un'emozione è percepita da una persona; la *risposta fisiologica*, ovvero quei cambiamenti nel corpo che percepiamo dall'interno, come l'aumento della frequenza cardiaca o la sudorazione; infine, il *comportamento espressivo*, ovvero quelle manifestazioni esteriori per ciascuna emozione, che vengono mostrate verso l'esterno, come le espressioni facciali, i gesti e le posture del corpo.

Le funzioni delle emozioni possono essere quattro: *motivazionale*, quando ci spingono a compiere azioni (la paura spinge a evitare il pericolo); *comunicativa*, quando descrivono i nostri stati emotivi agli altri tramite il volto e il corpo (il tremore del labbro o l'avvicinamento delle sopracciglia nel bambino che comunica la tristezza senza usare le parole); *decisionale*, quando influenzano il processo esecutivo, guidando scelte e comportamenti (la rabbia può influenzarci a portare a termine un compito); infine, *sociale*, quando facilitano la formazione e il mantenimento delle relazioni (scegliamo di aiutare qualcuno sulla base della compassione per ciò che sta provando, oppure proviamo colpa, imbarazzo o vergogna, che ci aiutano a capire se dobbiamo riparare a un errore e a integrarci meglio in una dinamica sociale).

Abbiamo fatto molto, questa volta. Ora hai bisogno di un po' di tempo per far sedimentare tutte le informazioni: cosa sono le emozioni, a cosa servono, come ti guidano, come si manifestano a te e come puoi prendertene cura, a cominciare dalle principali che abbiamo visto insieme.

Prima di tornare a leggere e proseguire con il capitolo

successivo, voglio che passi almeno un giorno nel quale ti alleni a respirare, ogni volta che vuoi. E, dopo averlo fatto, ad ascoltare corpo e pensieri. Quando senti qualcosa esperiscila a pieno, falla procedere e lasciati portare dove vuole; chiediti che emozione racconti. Prendi appunti, mentalmente. Prova a capire quale sia: è una delle principali? O senti che contiene qualcosa di più?

Ci vediamo qui, tra almeno ventiquattr'ore.

Sono davvero fiera di te, non è stato facile quello che hai fatto. Non ci riesce quasi nessuno.

Ti voglio bene,
tua Bea

8

delle emozioni secondarie

OLTRE alle emozioni primarie, abbiamo detto, esistono le emozioni secondarie.

Queste insorgono quando inseriamo delle valutazioni nel nostro processo emotivo.

Ripensiamo, per esempio, alla differenza tra disgusto e disprezzo: il disgusto è l'esperienza di allontanamento senza discriminante, il disprezzo, invece, presuppone una valutazione. «Provo ribrezzo per le lumache» è diverso da «Trovo i tuoi comportamenti deprecabili». Nel primo caso il processo di allontanamento è istintivo, nel secondo vi è un'integrazione legata a convinzioni, regole morali, etica e così via.

Sono quindi emozioni complesse che contengono valutazioni, pensieri. Potremmo dire che sono la "somma" di un'emozione primaria e di una valutazione.

Per esempio la *colpa* rappresenta la paura più la tristezza, che, attraverso la valutazione, spinge al desiderio di riparazione: penso al dolore dell'altro → metto in moto una programmazione → mi chiedo come posso rimediare (per non sentirmi più così).

Vergogna

La vergogna è la prima emozione complessa che arriva nello sviluppo, a partire dalla nascita; essa risponde infatti al nostro bisogno di appartenere a un gruppo, a un contesto sociale; è uno degli strumenti principali della nostra sopravvivenza, poiché ci aiuta a non venire emarginati, a non restare da soli, a rientrare in un contesto di moltitudine, per poter contare sul supporto del branco, della specie.

Immaginiamo cosa poteva accadere a un bambino lasciato solo 250.000 anni fa: senza genitori (magari morti), il bambino, entrato in contatto con un altro gruppo di adulti, deve trovare strategie di adattamento per farsi accettare; la vergogna, in quel caso, gli serve a non mettere in pratica comportamenti controproducenti per il gruppo, in modo da non farsi espellere. Per questo insorge prestissimo. In gruppo, infatti, abbiamo molte più possibilità di restare in vita,[*] e la vergogna agisce in nostro favore modulando

---

[*] Pensa sempre all'*Homo sapiens*, a come è nata la nostra specie, a quali pericoli ha dovuto affrontare e a quanto, da solo, avesse praticamente zero possibilità di farcela contro la natura.

altre emozioni, a volte anche facendole scomparire, per far sì che possiamo integrarci e comportarci in modi socialmente accettabili ("ferma" la rabbia se ci sta portando a una manifestazione di pubblica frustrazione, "ferma" l'eccitazione se ci sta portando a una pulsione pubblica e così via).*

Ansia

E l'ansia? L'ansia è, a tutti gli effetti, un'emozione, e corrisponde alla paura unita al pensiero verso il futuro.**

---

* Ti ricorderai, nel capitolo precedente, quando ti ho parlato di sentirsi "sporchi" nel provare determinate emozioni, oppure nel rifiutare certi comportamenti degli altri. Ecco, **la vergogna "spegne" il disgusto**. Pensa a quando, se ti è capitato, ti forzavano a mangiare durante l'infanzia, dicendoti che mostravi ingratitudine, facendoti in sostanza vergognare del tuo comportamento. Quella è proprio la vergogna che spegne il disgusto, un disgusto che potevi avere perché qualcosa non ti piaceva ma anche semplicemente perché non avevi più fame.

Pensa a quando si fa un commento sul corpo grasso o molto magro di qualcuno, dicendogli che non va bene, che deve cambiare, gli si fa provare vergogna, e la vergogna, quando è indotta, quando la si usa contro qualcuno, è pericolosa: se sei guidato dalla vergogna, devi sapere che hai tanto da dover tirare fuori dentro di te, che hai nascosto per compiacere qualcuno o perché ti hanno convinto a farlo.

** Qui non ci concentreremo a parlarne in quanto sintomo facente parte di un quadro clinico, ma solo come, appunto, emozione. L'ansia che diventa problematica poiché paralizzante, o slegata dal contesto, alla quale non sei in grado di collegare una causa scatenante specifica, precisa e immediata (legata a un avvenimento presente, occorso poco prima) e che, soprattutto, permane, durando più di un'emozione qualunque, va subito portata in terapia e non credere a nessuno che ti dica il contrario.[7] L'ansia se è dolorosa e limitante è un campanello d'allarme, non trascurarla.

L'ansia, tramite un'ipotesi che facciamo, include dentro di sé sia la paura che la componente di valutazione.

Ma cos'è l'ansia? **L'ansia è l'emozione che prevede il futuro**,* ha a che fare con qualcosa che potrebbe accadere ma che non sta ancora accadendo.

La paura insorge nel momento esatto nel quale un problema si affaccia, l'ansia insorge sulla base di una proiezione verso l'accadere, arriva per prevedere un possibile problema, in un tempo futuro più o meno vicino. L'ansia è propria dell'*Homo sapiens*, e di nessun'altra specie precedente, è un nostro "superpotere". Porta con sé le *cinquanta sfumature della paura*: la tensione muscolare, l'accelerazione del cuore, l'accorciamento del respiro, tutte funzioni fisiologiche atte a scappare o combattere, ma senza che, in effetti, ci sia un qualcosa da cui scappare o da combattere, sul momento. O perlomeno non ancora. Tutto quel fiato risparmiato che sarebbe servito per correre, ti mette in uno stato di inquietudine poiché non puoi usarlo. Quella tensione muscolare atta a predisporre il corpo alla fuga, ti tiene in uno stato di profondo disagio,** perché non puoi scaricarla fuggendo a gambe levate.

Ma allora a cosa serve l'ansia? È un errore di sistema che

---

* Hai presente quando dici o ti dicono: «Me lo sento, mi sento che andrà così, ho un sesto senso»? Ecco, non è un sesto senso, è un'emozione: è ansia.

** Quante volte hai sentito o letto la frase: «Uscire dalla zona di comfort»? Ecco, è grazie all'ansia che, letteralmente, esci dalla zona di comfort per poter prevedere scenari e soppesare scelte.

ci fa stare scomodi senza motivo? No, anzi. L'ansia arriva quando una situazione si propone e devi capire cosa farci, essa attiva una sorta di "simulatore di possibili scenari" che servono a prevedere il potenziale risultato delle tue azioni. L'ansia fa, in sostanza, partire il navigatore che calcola i percorsi, così che tu possa scegliere il migliore; quello con meno traffico o nel quale il pedaggio costa di meno, oppure con la vista più panoramica, a seconda dei tuoi desideri e bisogni.

Noi, grazie all'ansia, riscopriamo ogni volta che siamo in grado di fare previsioni su mondi che verranno. **Noi scegliamo grazie all'ansia.** Ci spostiamo da «Speriamo che non succeda mai» a «Organizziamoci per capire cosa fare se dovesse succedere». Come? Testando in anticipo nella nostra mente le possibili strategie, immaginando diverse soluzioni, verificando attraverso la visualizzazione del potenziale futuro cosa potrebbe funzionare meglio.

Facciamo un esempio: se devi prendere un aereo, immagini di doverti trovare in aeroporto a una certa ora. Se valuti che potrebbe esserci traffico durante il percorso, o molta gente in fila al check-in, capisci che quella valutazione oraria non è la migliore, e decidi di partire prima.

Ma non solo: grazie all'ansia sei anche in grado di valutare l'evenienza che tutte le tue strategie (applicate a una determinata situazione) potrebbero non funzionare. Anche quando non hai una strada per ottenere un determinato risultato, ti aiuta ad abituarti all'idea, anticipandoti gli scenari negativi, così da farti prendere consapevolezza di ciò che potrebbe accadere.* **L'ansia proietta trailer più o meno verosimili del tuo futuro.**

I superpoteri che ti conferisce l'ansia sono quindi tre: prevedere, testare in anticipo le possibili soluzioni e accettare l'evenienza di non averne, così da proteggerti anche contro l'eventualità che l'accaduto possa provocarti un trauma. Perché un trauma che cos'è se non un evento che capita al di fuori della previsione? Coglie impreparato tutto il nostro sistema difensivo (consapevole e inconsapevole) e ci lascia inermi a dover sostenere il colpo.

Come puoi riconoscere l'ansia, allora, così da non cercare di combatterla bensì accogliendola e lasciandola "lavorare" in tuo favore?

L'ansia, abbiamo detto, si manifesta con tensione muscolare, irrequietezza, una costante spinta a muoverti (a scappare o ad attaccare, avendo le caratteristiche della paura); ti accorcia il respiro, ti fa esperire fame d'aria, battito cardiaco accelerato, sudorazione, angoscia, iperventilazione.** Se provi queste sensazioni,*** eccola che ti si sta presentando: è lei, l'ansia.

---

* Per esempio: se qualcuno che ti è caro si ammala gravemente, l'ansia si affianca alla preoccupazione per aiutarti a visualizzare tutti i possibili scenari, e comprendere come agire al meglio ma, oltre a questo, ti mostra anche il dolore che potresti provare, in via preventiva, se le peggiori evenienze dovessero avverarsi.
** Ancora un'eredità della paura: quando dobbiamo scappare, dobbiamo fare scorta d'ossigeno per correre, solo che se c'è un leone e sto scappando lo consumo, mentre se sto fermo ho "troppo" ossigeno a disposizione e niente da cui scappare.
*** Escluse ovviamente tutte le possibili cause patologiche e fisiologiche.

Ci sono, a questo punto, diverse cose che potresti cercare di fare, una su tutte è "sabotarla". In che modo? Per esempio provando a "metterti al sicuro", cercando di prenderti una sorta di vantaggio su di lei. Il lavoro dell'ansia, abbiamo detto, è presentarti le possibilità che hai, facendotele immaginare così da testarle; **tu, per cercare di liberarti dalle sensazioni fisiche che l'ansia ti crea, potresti erroneamente eliminare anche la spinta propulsiva che le accompagna.** Infatti, togliendo la rappresentazione del pericolo futuro (dicendoti qualcosa come «Tanto andrà tutto bene»), l'ansia smette di essere presente, poiché il suo lavoro è finito: il suo cartello ti ha guidato verso la scoperta della strategia migliore, riconosciuta dalla frase: «Se farò *così* andrà tutto bene».

Se ci pensi, però, allo stesso modo, trovato cosa fare e come farlo non hai più un mordente per agire nell'immediato. Vediamo un esempio: immagina di dover affrontare lunghe ore di lavoro per arrivare a consegnare un progetto. È l'ansia che ti conferisce l'energia per non mollare, e il timore di non fare in tempo e la previsione di deludere o sbagliare fanno sì che tu dia il meglio, per il tempo necessario. Ma se rimuovi l'ansia dall'equazione, dicendo che tanto ce la farai, potresti rallentare e non arrivare alla meta con la stessa efficacia. **Se noti, infatti, alcune delle migliori performance si forniscono proprio quando manca poco all'arrivo, o si è alla fine della partita.**

Hai presente la storia della procrastinazione? Ecco, funziona così: hai una scadenza, ti sale l'ansia, ma invece di comprenderla la combatti trovando un modo per dire: «Ho tutto sotto controllo», quindi per indicare all'ansia che non c'è bisogno di lei. Ti organizzi, ti adoperi per creare un piano di lavoro che ti consenta di avere tempo e modo di fare tutto. Attenzione, non metti in atto il piano, ti limiti a stilarlo. Apri il calendario e ti segni tutto quello che devi fare, dividendolo per giorni e per task. Osservi il tuo bel planning e l'ansia "magicamente" passa (e con lei anche la tua voglia di rispettare quel piano, perché tanto «Hai tutto sotto controllo»). Finché non arrivi a ridosso della scadenza, ed è lì che l'ansia torna a galla, ed ecco che di nuovo la tua concentrazione aumenta, la tua capacità di memorizzazione si fa spazio, il tuo focus attenzionale si affila e così via: l'ansia ti aiuta a superare la fatica quando manca poco e ti porta fino all'obiettivo.

Perché non la accettiamo, allora? Ancora una volta, il problema dell'ansia come emozione non è tanto lei, quanto lo stigma sociale che la accompagna, quando la proviamo ce ne vergogniamo (sopprimendola, come per il disgusto), o ci arrabbiamo con noi stessi, dandoci degli stupidi che non sanno gestire la propria vita, rispetto a coloro che vivono tutto con maggiore leggerezza. Balle galattiche, fomentate dalle persone intorno a noi, alle quali abbiamo sentito dire troppo spesso frasi come:

«Ah, ma che persona ansiosa che sei! Perché non ti rilassi un po'?»*

Così non ci accorgiamo che la sofferenza che proviamo è lo scarto dell'ansia, che più viene combattuta e più fa andare la macchina delle previsioni alla massima potenza, mostrandoti non più trailer verosimili bensì scenari catastrofici. Non respingere l'ansia significa riuscire a viverla. Imparare ad accoglierla porta a farla funzionare, e con lei le tue modalità più efficienti.

Quando l'ansia arriva, lasciala "lavorare". Prenditi il tempo per vedere che possibilità hai, quali sono le migliori e sfruttala per metterti al lavoro. Non essere il nemico numero uno del tuo corpo, che sta esprimendo ciò che la mente gli dice di esprimere e, finché le tue difese non cambiano, quella che sta proponendoti è la scelta considerata migliore per te in quel momento, dal tuo intero sistema psichico, anche quando non capisci perché.

Pur volendo cambiare determinate modalità nelle quali

---

* La prossima volta rispondigli. Sai chi non prova mai, e dico mai, ansia? Coloro che hanno vissuto esperienze così profondamente traumatiche da essere letteralmente (inconsapevolmente) incapaci di reagire agli stimoli dell'ambiente circostante. Poiché il loro "tracciato zero" è talmente compromesso e il loro stato d'allerta è stato così violato che *nulla* li mette in allarme. Oppure coloro che la provano ma non riescono a definirla tale, ad accettare di provare, sentire, esperire una risposta fisiologica in seguito a un'emozione, e allora la somatizzano completamente "chiamandola" mal di testa, fischio all'orecchio, dolori allo stomaco, problemi alla pelle e così via. Tutti disturbi e fastidi reali al 100 per cento, ma dei quali l'origine è fortemente psicosomatica: profondamente legata alla repressione involontaria delle stesse emozioni.

esperisci le emozioni e la vita, devi partire proprio da quelle in tuo possesso in questo momento, e per farlo devi osservarle, non reprimerle. Lo so, detta così è facile: ci vuole tempo e allenamento, porta la tua attenzione sul respiro e, un giorno alla volta, una sensazione alla volta, un'emozione alla volta, riappropriati dei tuoi stati d'animo e scopri cosa provi: è per te che lo stai facendo.

Inizia da ora: prendi un bel respiro, chiudi gli occhi, portati a *zero* e pensa a quello che devi fare, pensa alle tue relazioni, pensa ai tuoi impegni, annota mentalmente le tue sensazioni, i cambiamenti che avvengono nel tuo corpo, osserva le immagini che la mente ti offre. Non combattere. E se provi vergogna o rabbia, accogli tutto. Sono le tue emozioni, sono bellissime. Tu lo sei.

Compendio emotivo

Mentre raccogli le tue sensazioni e ti fai delle domande, **non preoccuparti di non riuscire a dare un nome a tutto, ci vuole un po' di pratica**: eccoti, di seguito, una lista di altre emozioni secondarie, così da creare dentro di te, un'emozione alla volta, *un diario emotivo pronto all'uso*, una pagina per ogni emozione, e poterla richiamare di volta in volta senza più avere paura di ciò che provi.

Troverai emozioni secondarie composte dalle stesse emozioni primarie, segnalate però in ordine differente:

puoi immaginare che sia la sequenza con la quale le provi, oppure l'intensità con la quale le esperisci. Non ingabbiarti, è solo un modo come un altro di cercare di guardarti dentro e capire con cosa hai a che fare quando parli di *sentire, provare, vivere*. Usa questo codice come meglio credi, anche per crearne di nuovi se ti serve. Sta a te.

NOSTALGIA
Combinazione di: gioia + tristezza
Descrizione: sensazione di desiderio e tristezza per il passato, un ricordo affettuoso e desiderio di rivivere momenti trascorsi.

MALINCONIA
Combinazione di: tristezza + introspezione (elemento riflessivo)
Descrizione: sensazione persistente di tristezza riflessiva, accompagnata da pensieri di introspezione e ruminazione.

VERGOGNA
Combinazione di: paura + disgusto + rabbia (internamente diretta)
Descrizione: sensazione di imbarazzo o disonore, paura del giudizio altrui e disprezzo verso sé stessi. Avviene in seguito alla rottura delle proprie regole morali.

IMBARAZZO
Combinazione di: paura + disgusto (verso sé stessi) + sorpresa

Descrizione: sensazione di disagio per una situazione socialmente inappropriata: paura del giudizio altrui, disgusto verso sé stessi e sorpresa per l'accaduto. Avviene in seguito alla rottura delle regole sociali percepite.

COLPA
Combinazione di: paura + disgusto (verso l'azione compiuta) + tristezza

Descrizione: sensazione di responsabilità per un errore: tristezza per aver fatto del male, paura delle conseguenze / spinta a procedere per rimediare.

ORGOGLIO
Combinazione di: gioia + rabbia (determinazione)

Descrizione: sensazione di soddisfazione per i propri successi, gioia derivante da un traguardo raggiunto e determinazione.

INVIDIA
Combinazione di: rabbia + tristezza + disgusto (per la mancanza)

Descrizione: sensazione di desiderio verso ciò che possiedono gli altri; rabbia per la propria mancanza (ostacolo) e tristezza per non avere ciò che si desidera (paragonabile a una perdita, poiché credendo di meritarla, sentiamo come di averla persa / di stare perdendola).

GELOSIA
Combinazione di: paura + rabbia + tristezza

Descrizione: sensazione di paura di perdere qualcosa di valore (restando soli), rabbia per la possibile perdita (ostacolo) e tristezza all'idea di perdere qualcosa di prezioso (anticipatoria).

SPERANZA
Combinazione di: paura (anticipazione positiva) + gioia
Descrizione: sensazione di attesa positiva verso il futuro, gioia anticipatoria e paura mitigata dal desiderio di un risultato positivo atteso.

COMPASSIONE
Combinazione di: tristezza + gioia (comprensione e condivisione)
Descrizione: sensazione di comprensione e condivisione dei sentimenti altrui: combinazione di tristezza per il dolore altrui (perdita altrui) e gioia per il proprio benessere o per il potenziale intervento migliorativo verso l'altro.

FRUSTRAZIONE
Combinazione di: tristezza + rabbia
Descrizione: sensazione di insoddisfazione per ostacoli o fallimenti: rabbia per l'impedimento (ostacolo) e tristezza per la mancanza di progressi (perdita di tempo, perdita di occasioni).

DELUSIONE
Combinazione di: sorpresa + tristezza
Descrizione: sensazione di sconforto per aspettative non

realizzate: sorpresa per l'inatteso risultato negativo e tristezza per il fallimento (perdita).

RISENTIMENTO

Combinazione di: tristezza + rabbia + disgusto (disprezzo)

Descrizione: sensazione di ingiustizia subita: rabbia per il torto (ostacolo), disprezzo per chi ha causato l'offesa (allontanamento) e tristezza per l'impatto subito (perdita).

EUFORIA

Combinazione di: gioia + sorpresa (intensificata)

Descrizione: sensazione di esaltazione e intensa felicità: gioia amplificata e sorpresa positiva.

RISOLUTEZZA

Combinazione di: rabbia + gioia (determinazione positiva)

Descrizione: sensazione di determinazione nel perseguire un obiettivo: rabbia canalizzata verso l'ostacolo e gioia per la possibilità di successo.

CONFUSIONE

Combinazione di: sorpresa + tristezza + paura

Descrizione: sensazione di disorientamento mentale: sorpresa per l'inatteso, tristezza per la mancanza di chiarezza e paura dell'incertezza.

TIMORE

Combinazione di: paura + tristezza

Descrizione: sensazione di apprensione per un futuro evento negativo (una sorta di ansia molto mitigata): paura per l'evento imminente e tristezza anticipatoria.

INTERESSE
Combinazione di: sorpresa + gioia
Descrizione: sensazione di curiosità e attenzione verso qualcosa di nuovo o stimolante: combinazione di sorpresa (subito positiva) e gioia per la scoperta.

Ce ne sono altre? Ma certo, e sarai tu ad appuntarle, ogni volta che vorrai.

Non aver paura di cambiare idea, magari nel tempo noterai cose diverse.

Non aver timore di ripeterti, vorrà dire che starai imparando a sentirti.

Inizia qui sotto e poi copia lo schemino e continua pure su un quaderno, tra le note del telefono, al computer, dove vuoi.

Una volta provate, lasciale andare, lascia spazio all'emozione successiva. Lascia spazio alla calma, a volte ti serve, lascia spazio al fare, a volte ti serve, lascia spazio allo *stare*. È lo stare che aiuta a sentirti. Non scappare, non te ne andare: non avere troppa paura, **hai sempre un luogo dentro di te dove andarti a prendere un po' di pace: il tuo respiro**. E hai sempre un posto dove tornare a mettere giù le idee: questo.

Quello che sento fisicamente:

_____

_____

_____

Quella che penso sia l'emozione che provo:

_____

_____

Quali emozioni principali potrebbe contenere l'emozione che sento?

_____

_____

_____

Quello che sento fisicamente:

_____

_____

_____

_____

Quella che penso sia l'emozione che provo:

_____

_____

Quali emozioni principali potrebbe contenere l'emozione che sento?

_____

_____

_____

Quello che sento fisicamente:

_____

_____

_____

_____

Quella che penso sia l'emozione che provo:

_____

_____

Quali emozioni principali potrebbe contenere l'emozione che sento?

_____

_____

_____

9

della regolazione emotiva

SENZA che tu te ne accorga, certe volte, anche la più fugace delle emozioni si trasforma in altro. Un *altro* che non riesci davvero bene a comprendere e che travolge, a valanga, tutti i tuoi pensieri, facendoti sentire non in grado di "collegare i puntini" tra il tuo corpo, i tuoi pensieri, le parole degli altri. Come se fossi al centro di una bolla, con sempre meno aria all'interno, che diventa via via più piccola. Non capisci bene cosa ti succede, fai fatica a ricordare esattamente ciò che ti è accaduto, in quale momento ha avuto fine, e scambi quello che provi per stanchezza, per normale agitazione, lo giustifichi pensando sia solo un momento di stress o attribuisci la colpa a qualcuno che ti ha fatto un torto. Infine, quando vedi questo accadere ad altre persone, dici: «Sono fatti così».

È passato un po' di tempo da quando hai lasciato alle tue spalle il capanno, ma certe sensazioni provate

ancora persistono, da qualche parte, dentro di te. Cam-
mini senza fretta e, guardandoti intorno, osservi con
attenzione: il verde degli alberi e dell'erba, la ghiaia che
disegna i viali, il cielo all'orizzonte. Ti accorgi che più
vai avanti e più, alla tua destra, il mare si fa spazio:
la luce riflette sul suo specchio e tutto brilla, chiaro e
calmo, ti rapisce con il suo fruscio, un ritmo lento del
quale senti di aver bisogno. Tutto intorno a te sembra
distillato: un luogo di pace, ma mai fermo, in continuo
divenire, così come lo sei tu.

Quelle esperienze fortissime di rabbia o tristezza che
sperimenti sono emozioni?

Come si chiama l'emozione per la quale smetti di provare
qualsiasi cosa, di colpo?

E quella per la quale piangi "senza motivo"?

E come si chiama quel tipo di rabbia che fa perdere ogni
controllo? Addirittura ti fa dimenticare ciò che hai detto
e fatto. Ebbene, queste non sono più emozioni, bensì la
loro disregolazione.[*]

---

[*] La disregolazione emotiva può essere associata a una vasta gamma di
disturbi somatici, traumi cerebrali e psicologici, ma di tutto questo non parleremo perché è giusto e opportuno che lo faccia un professionista sanitario nel
suo studio. Noi qui ci limitiamo ad affrontare il funzionamento delle emozioni
e la possibilità che esse si sregolino.

La disregolazione emotiva

La disregolazione emotiva è un fenomeno complesso e multidimensionale, che riguarda l'incapacità di gestire e modulare adeguatamente le emozioni. È una condizione temporanea nella quale puoi sperimentare sensazioni profondamente intense e prolungate, diverse tra loro, in una sorta di "morsa" interna che ti impedisce di riflettere su ciò che sta succedendo e ti tiene in balia di ciò che accade, facendoti credere di aver perso la capacità di controllare ogni cosa, di fermarti e di *tornare indietro*.

Una giornata stressante, una brutta frase, un momento di profonda tristezza, una lunga serie di litigi, un'agitazione persistente in prossimità di un evento importante costituiscono il perfetto terreno per un momento di instabilità emotiva.

Intravedi in lontananza un parco giochi per bambini, un'altalena mossa appena dal vento, uno scivolo di metallo, una giostrina con il manubrio rosso, un cavallo a molla. Ti avvicini.

Se non hai avuto un'educazione emotiva sufficientemente buona, se nessuno ti ha spiegato cosa provassi o insegnato a dare un nome alle tue sensazioni; se alcune emozioni sono state represse, poiché ritenute *sbagliate* o

179

inadatte; se come ti sentivi è stato sminuito; se ti è stata prestata poca attenzione o un'attenzione altalenante; se, in sostanza, hai dovuto occuparti più tu delle emozioni della tua famiglia che non loro delle tue, può darsi che oggi il tuo *spazio emotivo di regolazione* non sia confortevole, per te. Quello spazio abbastanza sicuro dove provare emozioni, senza farsi sopraffare, entro il quale essere in grado di funzionare in modo ottimale e gestire le sensazioni in risposta all'ambiente esterno e ai pensieri.

Sali sull'altalena, arretri per prendere lo slancio e ti lasci andare.

Se quello spazio è sottile, la gamma di intensità emotiva che potrai sperimentare (mantenendo il controllo e senza *congelarti* o *prendere fuoco*) sarà altrettanto esile.

L'aria che ti soffia sul volto è fresca e rigenerante, guardi il cielo. Quando torni indietro, rimetti i piedi a terra per darti ancora una spinta.

Potresti rompere degli oggetti o urlare per reagire alla frustrazione, potresti trovarti, di colpo, a piangere davanti alla fatica o a un inconveniente.

Se per qualcuno consapevole di ciò che prova è facile portare a termine serenamente un compito o una discussione (restare calmi, non piangere, vivere le cose piacevoli con gioia), per te potrebbe essere invece un inferno. Questo non ti rende una persona sbagliata. È come se, durante la tua infanzia, a te fosse stato dato un foglietto di carta tutto strappato, con scarabocchiato a penna un grande "no", per ricordarti che la maggior parte delle cose che provi non vanno bene o sono eccessive, e agli altri, nello stesso periodo, fosse stata invece creata e donata un'enciclopedia in ventiquattro volumi, rilegata in lino, da consultare per dare un nome anche alla più piccola sensazione, per trovare consapevolezza per qualunque sconforto.

Non paragonarti a chi, al contrario di te, ha sempre avuto supporto. Non sei una persona sbagliata perché non capisci cosa provi. Hai la necessità di accogliere e abbracciare ciò che ti accade, usando tutto quello che hai imparato nei capitoli precedenti e assegnando i nomi corretti. I nomi sono importanti: con i nomi ci sentiamo meno soli, perché usare i giusti nomi, le giuste parole, per descrivere le esperienze, aiuta a farle proprie e a ricordarle e, altrettanto, a saperle condividere, senza sentirsi alieni. I nomi e le parole – quelle specifiche – servono a spiegare a noi stessi e agli altri cosa proviamo, sentiamo, viviamo. **Il linguaggio guida la connessione emotiva,**[*] con sé stessi, con i luoghi interiori più profondi e autentici di noi. La

---

[*] Per questo è così importante accogliere nuove parole, nuovi modi di chiamare le cose, le realtà, le persone, le esperienze, le sessualità, le identità. Poiché senza gli strumenti per poter dire chi siamo e come stiamo, siamo perduti.

consapevolezza di ciò che provi evita che tu possa finire fuori dal tuo spazio di regolazione, anzi, lo rende ampio, sempre di più. Più largo, più confortevole, dove provare molto di più e molto più intensamente.

Scendi dall'altalena, sali sulla giostrina col manubrio, inizi a girare.

Non riuscire a gestire le tue emozioni in modo efficace può comportare infatti un'estrema reattività,[*] oscillazioni rapide tra le diverse emozioni, o la totale assenza di reazioni emotive per qualche momento.[**]

Può farti rispondere in modo intenso a stimoli che normalmente non provocherebbero una tale reazione. Un commento o il repentino cambiamento dei piani, per esempio, scatenano una reazione aggressiva.

Può farti passare rapidamente da un'emozione all'altra senza che vi sia una ragione apparente. Un momento euforia, con risa, e il successivo profonda tristezza, accompagnata dal pianto.

---

[*] Spesso le persone che mostrano estrema reattività sono definite, in modo sbagliatissimo, "persone troppo sensibili". È come picchiare un cane con una spranga (auguro le pene più dolorose a chi provoca dolore a chi non si può difendere) e, quando soffre per le lesioni interne, sostenere che sia di "razza troppo fragile".
[**] È importante notare che questa condizione non è necessariamente patologica, ma può diventare problematica quando interferisce con il benessere quotidiano e con le relazioni interpersonali.

Puoi sperimentare una sorta di *intorpidimento* emotivo, dove non provi alcuna emozione, anche in situazioni che normalmente sarebbero emotivamente cariche.

Giri sempre più veloce, hai un po' di nausea ma non vuoi fermarti, vedi tutti i contorni sfocati, tutto prende lo stesso colore.

Scoppiare in lacrime perché non si trova parcheggio, dopo una giornata stressante. Vedere qualcuno passare dalla gioia alla rabbia quando ti ritrovi costretto ad annullare all'ultimo minuto un appuntamento. Anche se all'inizio capisce, la sua aggressività cresce rapidamente, e non riesce in alcun modo a fermarla. Sentirsi distaccati, insensibili, durante un momento che era stato preceduto da un'ansia molto intensa e duratura.

Il passaggio da un'emozione alla sua disregolazione avviene quando ti mancano le abilità efficaci per gestire e modulare le emozioni. Quando d'abitudine hai imparato che, per sopperire a qualcosa senza nome che prende il sopravvento dentro di te, puoi solo fumare o bere o spaccare qualcosa o farti una canna o tagliarti la pelle o mangiare o urlare o litigare con qualcuno o *spegnerti*. L'assenza o l'inefficacia di strategie che non passino dal farti del male (farti del male per "annullare" ciò che provi e ricacciarlo giù in gola, nel profondo), conducono le emozioni che provi (quelle che per tutta risposta "spingono" per uscire, e non riesci più a controllare) a raggiungere una potenza estrema ed esplodere attraverso di te.

La giostra sta andando troppo forte, cominci a sentire il battito cardiaco accelerare e la nausea diventa più forte, metti le mani sul manubrio per fermarlo, tremano, non ci riesci.

Come facciamo noi a restare calmi, concentrati o anche solo ad avere un buon contatto con la realtà se passiamo continuamente, per tutto il corso della nostra vita, costantemente, al massimo ogni minuto e mezzo circa, da un'emozione all'altra? Se ci pensi è incredibile, no? Ci svegliamo la mattina e i pensieri già ci affollano, passiamo dalla preoccupazione all'ansia, alla rabbia, alla gioia, alla paura, all'ansia di nuovo, alla rabbia di nuovo, alla tristezza, alla gioia di nuovo e così via e, più o meno, arriviamo a fine giornata avendo portato a termine i nostri compiti, avendo vissuto relazioni interpersonali più o meno intime, avendo viaggiato (anche solo dentro il nostro quartiere), avendo mangiato, bevuto, parlato, deciso, svolto, pulito, guardato, sentito, scritto.

Come ci muoviamo tra un'emozione e l'altra senza perdere il controllo? Grazie all'autoregolazione emotiva.

L'AUTOREGOLAZIONE EMOTIVA

L'autoregolazione emotiva è il processo attraverso il quale riconosciamo, comprendiamo e gestiamo le emozioni in modo da rispondere in maniera adeguata alle situazioni. Questa capacità non è innata, ma si sviluppa attraverso l'apprendimento e l'esperienza, e **non arriva alla sua piena funzionalità prima dei 25 anni** (circa).*

Il cuore di questo processo è, ancora una volta, la corteccia prefrontale,** l'area del cervello situata nella parte anteriore del lobo frontale. La corteccia prefrontale è responsabile di una serie di funzioni cognitive superiori, come la pianificazione, il controllo degli impulsi, il pensiero razionale e la regolazione delle emozioni. Quando siamo in grado di regolare le nostre emozioni è perché quest'area del cervello è attiva, funziona correttamente e durante il nostro sviluppo siamo stati aiutati ad apprendere strategie funzionali.

L'autoregolazione emotiva inizia a svilupparsi nell'infanzia, e continua a evolversi durante l'adolescenza e l'età adulta. Il processo coinvolge diverse fasi di sviluppo del cervello.

---

* Invece io sento ancora genitori dire che i figli piccoli recitano, che esagerano, che gli adolescenti sono rabbiosi e altre scemenze del genere.
** L'abbiamo nominata nel capitolo "della scienza dell'amore".

185

Sviluppo dell'autoregolazione emotiva

P<small>RIMA INFANZIA</small> (0-5 <small>ANNI CIRCA</small>):

Prime esperienze emotive: nei primi anni di vita, i bambini iniziano a sviluppare le basi dell'autoregolazione emotiva attraverso le interazioni con le figure genitoriali. Le risposte emotive dei genitori alle emozioni del bambino, come il conforto e il sostegno, aiutano a formare le prime capacità di gestione delle emozioni.

Fasi iniziali del controllo degli impulsi: anche se la corteccia prefrontale non è ancora completamente sviluppata, i bambini iniziano a mostrare segni di controllo degli impulsi e regolazione delle emozioni, imparando a calmarsi con l'aiuto degli adulti.

- Neonati: **dipendono interamente dalle figure genitoriali per la regolazione delle emozioni**. Le risposte dei caregiver, come il contatto fisico e le vocalizzazioni, aiutano a calmare il bambino.
- Primi mesi: iniziano a sviluppare primordiali capacità per autocalmarsi attraverso comportamenti come succhiare il pollice.
- 1-2 anni: cominciano a mostrare una maggiore autonomia nella regolazione emotiva. Possono utilizzare oggetti di conforto e sviluppano strategie rudimentali come distogliere lo sguardo da stimoli stressanti.
- 2-3 anni: possono iniziare, con il corretto supporto e sostegno da parte delle figure genitoriali, a comprendere

e nominare le emozioni. La regolazione emotiva è ancora fortemente mediata dall'interazione con i caregiver. A questa età circa si sviluppa la teoria della mente.[*] I bambini iniziano a comprendere che le altre persone hanno desideri e intenzioni che possono differire dai loro. Mostrano segni di empatia e capiscono che gli altri possono essere tristi o felici per motivi diversi dai propri. Esempio: «Marta vuole giocare con il camioncino, Luigi no».

- 4-5 anni: cresce la capacità di utilizzare strategie verbali per esprimere emozioni e risolvere conflitti. L'empatia inizia a diventare consapevole, migliorando la regolazione emotiva in contesti sociali. I bambini sviluppano una comprensione più avanzata, che include la consapevolezza che le persone possono avere credenze false. Esempio «Marta pensa che Luigi non sappia contare bene, nonostante lui pensi di saperlo fare».

INFANZIA (6-12 ANNI CIRCA):

Miglioramento delle capacità di autoregolazione: durante questa fase, i bambini iniziano a sviluppare una maggiore consapevolezza delle proprie emozioni e delle strategie

---

[*] La teoria della mente (Theory of Mind, ToM) si riferisce alla capacità di attribuire stati mentali (credenze, intenzioni, desideri, emozioni) a sé stessi e agli altri, e di comprendere che questi stati mentali possono essere diversi dai propri. Questa capacità consente di prevedere e interpretare il comportamento altrui.

per gestirle. L'interazione con coetanei e adulti continua a essere cruciale per lo sviluppo di tali abilità.

Ruolo della scuola e delle attività sociali: le esperienze scolastiche e le attività sociali aiutano i bambini a imparare a gestire le emozioni in contesti diversi, favorendo l'auto-controllo e la regolazione emotiva.

- 6-8 anni: migliorano nel riconoscimento e nella comprensione delle emozioni proprie e altrui. Mettono a punto strategie più sofisticate come la ristrutturazione cognitiva (per esempio, vedere un problema da una prospettiva diversa). A questo punto i bambini iniziano lo sviluppo della teoria della mente alla seconda,* cominciano a capire che una persona può avere credenze su ciò che un'altra persona crede. Per esempio, «Luigi sa che Marta crede che la torta sia nel frigorifero, anche se la torta è in realtà finita».

- 9-12 anni: la regolazione emotiva diventa più interna. I bambini iniziano a utilizzare il pensiero riflessivo per gestire le proprie emozioni e sviluppano una maggiore consapevolezza emotiva.

---

* La teoria della mente di secondo ordine (Second-Order Theory of Mind, SO ToM) è un'estensione della teoria della mente. Mentre la teoria della mente di primo ordine riguarda la comprensione di ciò che un'altra persona pensa o sente, la teoria della mente di secondo ordine coinvolge la comprensione di ciò che una persona pensa riguardo a ciò che un'altra persona pensa o sente.

ADOLESCENZA (13-19 ANNI CIRCA):

Sviluppo accelerato della corteccia prefrontale: durante l'adolescenza, la corteccia prefrontale subisce una significativa maturazione, migliorando le capacità di pianificazione, decisione e regolazione delle emozioni. Tuttavia, questa parte del cervello non è ancora completamente sviluppata, il che spiega perché gli adolescenti possono ancora avere difficoltà nel controllo emotivo e degli impulsi. Gli adolescenti affrontano sfide significative nella regolazione emotiva a causa dei cambiamenti ormonali e delle pressioni sociali. Possono sviluppare strategie che, se rafforzate, diventano maladattive, come l'evitamento o l'aggressività.

Rafforzamento delle competenze sociali ed emotive: l'adolescenza è un periodo critico per il rafforzamento delle competenze di autoregolazione attraverso l'esperienza e la sperimentazione sociale.

ETÀ ADULTA (20 ANNI E OLTRE):

Maturazione completa della corteccia prefrontale: la corteccia prefrontale raggiunge la piena maturazione intorno ai 25 anni, il che contribuisce a una migliore gestione delle emozioni e degli impulsi. Gli adulti hanno infatti (solitamente) una maggiore capacità di autoregolazione rispetto ai bambini e agli adolescenti.

Esperienze di vita continua: anche in età adulta l'autoregolazione emotiva può continuare a migliorare attraverso esperienze di vita, relazioni interpersonali e percorsi di psicoterapia.

- Giovani adulti: continuano a perfezionare le abilità di regolazione emotiva. L'esperienza di vita e la maturazione del cervello contribuiscono a una maggiore stabilità emotiva.
- Adulti: la regolazione emotiva è generalmente ben sviluppata. Gli adulti utilizzano una vasta gamma di strategie per gestire le emozioni.
- Anziani: possono mostrare una regolazione emotiva altamente sviluppata, caratterizzata da una maggiore accettazione e gestione delle emozioni negative grazie all'esperienza accumulata.

Come vedi, ci sono delle tappe e sono fondamentali perché si impari a comprendere e a rispondere a ciò che accade, internamente, in relazione all'esterno. Tu non ci pensi mai, ma durante la primissima parte della tua vita non eri in grado di comunicare con gli adulti che si prendevano cura di te, se non con pochissimi strumenti, come il pianto e le urla. Nient'altro. Né discorsi, né spiegazioni, né richieste dirette. Non avevi strategie per proteggerti dalle emozioni primarie, che sono esperienze profondamente disturbanti per chi non sa nemmeno di avere delle mani o dei piedi, in un'età dove vedere una figura genitoriale allontanarsi significa credere di non rivederla mai più.*

Inoltre, non avevi strategie per proteggerti dagli attacchi esterni, ovvero qualunque cosa inattesa, inaspettata – a partire da suoni e luci –, che per un bambino può apparire travolgente.

L'autoregolazione emotiva è una modalità che arriva a un certo punto, ma fino ad allora, per gestire tutto quello che succede dentro di noi, abbiamo necessità di un adulto che ci aiuti. Che ci consoli, ci coccoli, ci ascolti, ci indirizzi, ci spieghi, ci calmi, che si regoli e resti regolato per co-regolare noi, e che sopperisca ai nostri bisogni psicologici e fisici. Se questo non è successo, in parte o del tutto, oggi non puoi pretendere di cavartela a gestire al meglio le emozioni e ciò che fanno scaturire dentro di te. Non è una condanna, la psicoterapia esiste proprio per questo, ma intanto inizia a riconoscere la realtà delle cose: smetti di darti colpe che non hai.

Nel cammino verso l'autoregolazione, è l'adulto di riferimento che ti fa da specchio e valida o meno quello che

---

* I bambini, rispetto agli adulti, sono a tutti gli effetti degli esseri umani con disabilità cognitive, non sanno chi sono, dove sono, non sanno che esistono confini tra il loro corpo e quello di un'altra persona, che mamma e papà non sono un loro prolungamento e così via. Per questo è fondamentale occuparsi di loro cercando di capire i loro bisogni, poiché loro non hanno alcun mezzo per farlo in autonomia.

stai provando, dà un nome alle cose che stai provando e le rende per te gravi o insignificanti. È necessario, quindi, che tu comprenda come il modo nel quale oggi gestisci le tue emozioni derivi in larga parte dai modelli di riferimento e accoglienza che hai avuto.

Per farlo, puoi cominciare a osservare cosa avviene dentro di te quando sperimenti qualcosa di *troppo forte*. E "troppo forte" è un concetto del tutto relativo e soggettivo, perciò quello che sarà per te una sciocchezza da gestire, per me sarà infernale, e quello che per me non avrà alcun impatto, per te sarà come il colpo di una mazza da baseball in mezzo al torace. **Non paragonarti a nessun'altra persona**, è di te e solo di te che dobbiamo prenderci cura.

Riesci ad afferrare il manubrio e a fermare di colpo la giostra. Senti stordimento e nausea, un formicolio risale dal basso all'alto e la testa è pesante. Aspetti qualche istante, rimetti a fuoco tutto ciò che hai intorno. Tieni le mani salde sul manubrio.

L'autoregolazione si migliora e si impara un po' alla volta, tutti i giorni. Nominando ciò che ti accade, e consolandoti. Hai presente quando ci accarezziamo le braccia o ci torciamo le mani o ci tocchiamo il mento o il collo o il naso con le dita, o ci stropicciamo il lobo dell'orecchio o giochiamo con una ciocca di capelli o ci abbracciamo tenendoci gli avambracci e così via? Ecco, questi sono gesti propri dell'autoregolazione emotiva, si chiamano gesti *manipolatori*.* Il tuo cervello, a volte, te li fa compiere senza che tu te ne accorga (magari quando parli), come parte di una strategia per autoregolare le tue emozioni, per far scendere l'intensità di una specifica emozione e per permetterti di restare nel tuo spazio emotivo, dove sentirti al sicuro, senza sregolarti verso l'alto (iperattivazione) o verso il basso (ipoattivazione).[8] Cantare, ascoltare musica, saltellare, sorridere e, ovviamente, respirare, sono tutte strategie nelle tue tasche, per riportare l'emozione all'interno del tuo spazio emotivo, non reprimendola, semplicemente regolandola. Quando senti un'emozione in arrivo, inizia col chiamarla per nome, cerca di capire cosa voglia da te ma, se tutto succede troppo velocemente, se tutto diventa troppo forte, troppo in fretta, tieni nella tua memoria un piccolo spazio per me e per queste parole, ripetile ogni volta che ti serviranno: *andrà tutto bene, respiro, sono al sicuro.*

L'autoregolazione emotiva non è solo un'abilità, ma una necessità per il tuo benessere e per la tua salute, e tu hai tutte le carte in regola per abituarti a usarla al meglio.

---

* **Manipolare**, dal latino manipŭlus, nel significato medievale di «manciata (di erbe medicinali)». Per estensione, con più diretto influsso di mano (io manìpolo): lavorare una sostanza plasmabile, o un impasto, trattandoli con le mani.

Scendi dalla giostra, tieni a mente due esperienze: la sensazione di libertà che hai provato sull'altalena e la tua capacità di fermare tutto quando diventa troppo, che spesso dimentichi di avere. Fieramente, ti incammini di nuovo verso il viale, allontanandoti dal parco.

10

dell'andare nella stessa direzione

MENTRE imbocchi di nuovo il viale, lasciandoti il parco giochi alle spalle, guardi dritto davanti a te e ti accorgi che a qualche centinaia di metri c'è qualcuno, qualcuno che come te cammina: sta venendo verso di te.

Quando una relazione inizia, inizia guardandosi negli occhi. Sia in senso metaforico che letterale. Una relazione è composta sempre e solo da due persone per volta. Si può avere una relazione in tre, quattro, dieci e anche con una folla ma l'*unità minima* della relazione, il numero più piccolo che non sia zero, non è uno, è due. **La coppia è l'unità con la quale la relazione prende forma.** E questo perché non è possibile prestare attenzione a più di una persona per volta. Puoi padroneggiare la tua capacità di seguire più discorsi contemporaneamente, puoi interagire con più persone nello stesso arco temporale, ma sappi che, nel vostro scambio, sarete in due: puoi essere molto veloce nel passare da una persona all'altra, in sequenza, quasi vivere l'esperienza come fosse istantanea, ma non lo sarà, sarete sempre e solo due, prima di essere altri due.

Il motivo è semplicissimo: puoi guardare negli occhi una sola persona per volta, e solo mentre guardi una persona negli occhi stai stabilendo un contatto profondo.

E tu dirai: «E chi non ci vede?» Chi non ci vede entra in contatto con l'altra persona con altri sensi, aumentando la capacità ricettiva e trovando un'altra connessione, **trasferendo su diversi canali la stessa intenzionalità e direzionalità che avrebbe uno sguardo ricambiato**. Non fa a meno della relazione esclusiva uno a uno, bensì sostituisce quel legame visivo con un altro tipo di contatto. Questo per dirti che l'unico modo per entrare in relazione con qualcuno che contemporaneamente è in relazione con te è creare un contatto, e quel contatto non può essere diffuso, equamente separato su più esseri umani nello stesso momento.*

Possiamo tenere le mani di due persone alla volta, possiamo provare ad ascoltare più persone alla volta, possiamo provare a distinguere molteplici odori e sapori che esplodono tutti insieme, ma non possiamo rivolgere lo sguardo

---

* Se parliamo di coppia, parliamo di uno scambio e di un momento condiviso: una relazione esclusiva – almeno temporanea – tra persone che provano l'una interesse per l'altra. Altrimenti non parliamo di relazione di coppia ma di immaginazione, di desiderio, così come lo abbiamo affrontato nei capitoli precedenti.

a più di un paio d'occhi per volta, e devi sempre avere presente questo strano modo della natura di concentrare la nostra attenzione.

Hai un rapporto con una figura genitoriale e poi con l'altra, con un fratello e poi con una sorella, con una migliore amica e poi con un'altra, con un partner e poi con un altro, con un partner e poi con un figlio, con un figlio e poi con un altro. Se hai una relazione sentimentale con più di un partner, alla base della tua organizzazione c'è la gestione del tempo e delle modalità con le quali ti rapporti a ciascuno di loro, proprio perché hai modo di dedicarti a solo uno per volta, anche durante l'atto sessuale, anche ponendovi tutti davanti a uno stesso specchio: sarà sempre e solo una persona per volta che potrai guardare negli occhi.

Camminando ti accorgi che la persona che si sta avvicinando non cammina sul tuo stesso viale, bensì su uno parallelo che fra non molto incrocerà il tuo. A breve incontrerete un bivio: andando da una parte, continuerete in solitaria, andando dall'altra, continuerete insieme.

Io guardo te e tu guardi me. In questo sguardo troviamo tutto, a partire dalle *valutazioni*: le valutazioni sul corpo dell'altro, quelle sui suoi vestiti, sui suoi lineamenti, sul suo lavoro, sui suoi capelli, sui suoi pensieri, sulle sue ambizioni, sui suoi soldi, sui suoi sentimenti, sui suoi studi, sul colore della sua pelle, sul suo peso, sui suoi gusti di gelato preferiti. Osserviamo l'altro e lo valutiamo. Gli attribuiamo un valore, dei punteggi, per ciascuna caratteristica, e quel valore, quei punteggi, speriamo di poterli superare; se ci crediamo migliori capiamo che non abbiamo bisogno di impadronirci dei suoi punti, i nostri sono sufficienti. Se invece non possiamo batterli, allora speriamo di poterli *acquisire*.

nche con le migliori intenzioni, anche nel più equilibrato degli inizi, accendiamo una relazione con l'altro valutando quanto potremmo essere compatibili con le sue caratteristiche, quanto queste caratteristiche ci piacciano e facciano "scopa" con le nostre. Per alcune ci andrà bene ritrovarci simili, per altre ci sembrerà che la differenza tra le nostre e le sue possa essere un modo ottimale per costruire un rapporto migliorativo integrato.

Girando intorno ai cardini dei quali abbiamo parlato (anche conoscendoli a menadito e con la consapevolezza di stare scegliendo qualcuno per ragioni che abbiamo imparato a conoscere, senza paura di farlo),* ci stiamo comunque dimenticando la cosa più importante per selezionare correttamente e saggiamente la compagnia di qualcuno che sarà davvero la storia che non finirà: il legame emotivo. **Il legame emotivo che, come ormai sai, non passa da nessun tipo di attrazione, bensì dalla capacità di discernere e poi integrare un'emotività consapevole, matura e capace.**

* È già un ottimo inizio.

Poiché, senza un'emotività consapevole e ben regolata, qualunque discorso, discussione, scelta per il presente e piano per il futuro, potrebbe essere potenzialmente svolto da uno o da entrambi i partner al di sopra o al di sotto dello spazio emotivo sicuro.* La capacità, allenata e complessa, di eliminare il desiderio che ci porta a scegliere il partner migliore in vetrina, e a scegliere quello con il quale la connessione emotiva è possibile, è la chiave per la serratura che cerchi. **Per scegliere la persona accanto a te, con la quale provare a entrare in relazione, è necessario comprendere se sia in grado di sentire quello che prova, come stai cercando di fare tu.**

Nessuno deve essere perfetto, solo *capace*, ricordi? Perché, come ora sai bene, quando le spinte dei tre cardini finiranno, l'unica cosa sulla quale potrete lavorare insieme è quanto siete in grado di *leggere*, *accogliere* e *supportare* le emozioni dell'altro. Quanto sarete in grado di metterle entrambi a disposizione dell'altro per farvi leggere, accogliere e supportare in ogni scelta, in ogni giorno insieme. Quanto, in sostanza, sarete in grado di amarvi e lasciarvi amare, senza pesi nelle tasche che vi rallentano o da usare come oggetti contundenti l'una contro l'altra persona.

Lo so cosa stai pensando: che di questo passo non troverai mai nessuno, che comunque magari l'altra persona potrebbe cambiare nel tempo, che non saresti comunque

---

* Cioè quindi in iper- o ipoattivazione per uno dei partner o per entrambi.

in grado di capire se sia in contatto con le sue emozioni, che magari potresti provare a spiegarglielo, oppure potresti regalarle questo libro. Che è troppo complicato, che l'amore è anche attrazione fisica, che di questo passo nessuno starebbe insieme. Che le relazioni non sono così complicate. *Che non ne puoi più di sentirti dire cosa non va bene e vuoi una soluzione più semplice.*

E io posso solo convenire con te: posso darti ragione nel dirti che tutto ciò che pensi è sacrosanto, e hai il diritto di farci i conti, ma è mio dovere ricordarti che questo stesso identico carico di pensieri, assolutamente dignitosi, condivisi dai più, ti ha portato *qui* in mezzo ai cocci di tutte le storie che ti hanno ferito.

Siete ormai vicini, riesci a distinguere molto bene la sagoma, l'altezza della persona che ti viene incontro, i suoi colori, le sue fattezze. Tra pochi metri vi incrocerete ed entrambi deciderete se condividere la strada insieme o continuare ognuno per la propria.

È difficile cambiare difese, è la cosa più difficile del mondo. Lo so, non ne puoi più. È difficile per una persona cambiare modalità di relazionarsi all'amore, cambiare i pesi e i punteggi che hai assegnato fino a oggi alle cose, lo so. Ma resta con me ancora per un attimo: **è quasi impossibile tutto quello che ti ho chiesto di fare e ricordare, eppure sei qui, hai fatto fatica pagina dopo pagina e, senza**

arrenderti, hai affrontato tutto. Non mollare proprio ora. **Hai il diritto di avere delle relazioni che ti rendano felice**, che facciano emergere i tuoi gusti, i tuoi desideri, i tuoi bisogni, che ti facciano del bene, che ti diano spazio per *essere*, per *esistere* e per essere *visto* come individuo, non come strumento.

> *Ti accorgi, a mano a mano che vi avvicinate, che siete consapevoli della presenza dell'altra persona, che da tempo vi siete visti e, finalmente, siete abbastanza vicini da potervi guardare negli occhi.*

Per iniziare o modificare una relazione che porti giovamento a entrambi gli abitanti della coppia, che vi faccia costruire, che non vi veda allontanarvi, dovete, per la maggior parte del tempo, distogliere lo sguardo da voi stessi e guardare insieme nello stesso punto. Non è valutando le vostre caratteristiche identiche o complementari che sceglierai un partner adeguato a te, è scegliendo coloro che hanno valori e obiettivi il più possibile simili ai tuoi che costruirai case e palazzi, e intere città, fatte d'amore e di rispetto e felicità, anche nelle avversità che la vita vi porrà davanti.

Pensa alle app che tutti i giorni usiamo per conoscere nuove persone e creare nuove relazioni. Sono uno strumento utilissimo, ma invece di una sezione per scegliere se si dia lo stesso valore alla famiglia o alla carriera o al desiderio di avere dei figli o alla salvaguardia dell'ambiente o all'attivismo o alle passeggiate in montagna o all'arte, lo stesso valore al denaro, alla politica, all'onestà, alla sessualità, e allo spazio che a queste e a mille altre caratteristiche si desidera dare all'interno della propria vita individuale e di coppia, ci mostrano solo un corpo, un'età e (a volte) una brevissima biografia che ci dice **come ci presentiamo al mondo e quello che cerchiamo dall'altro, nell'altro, e non quello che cerchiamo *insieme* all'altro.**

Lo so già cosa potresti pensare, nessuno le userebbe se fossero così complicate, nessuno vuole mettere in piazza i fatti propri con degli sconosciuti. Come darti torto, ma **il fatto che sia uno standard non significa che sia giusto per te.** Perché tu stai leggendo una guida che ti aiuti a capire come scegliere e vivere una relazione soddisfacente e senza ritrovarti a pezzi, e questo passa anche dal comprendere come usare al meglio tutti gli strumenti alla tua portata. Se sei in cerca di una relazione, ci sarà sicuramente una parte che dovrai affidare al caso, ma ora che sai che l'istinto c'entra molto poco, sai anche come poter impostare una conversazione successiva, cosa cercare di capire durante un primo incontro. Non scoraggiarti, non avere troppa paura, un giorno alla volta, un tentativo alla volta. Coraggio.

Tutto il mondo che abbiamo intorno fa sì che la scelta di un partner verta su parametri selettivi, valutativi, invece che sul capire se si possa condividere emotivamente una strada per andare dalla stessa parte.

Che valore ha per te la parola *pace*? E per l'altra persona? Significa stare senza pensieri o è la liberazione di ogni Stato oppresso?

Che valore ha per te la parola *libertà*? Indossare i vestiti che vuoi senza paura del giudizio o vedere i tuoi cari tornare a casa tutti interi? E per l'altra persona?

Che valore ha per te la parola *giustizia*? Che tutti paghino per i torti commessi? E per l'altra persona? Che è giusto farsela da soli?

E la parola *rispetto*, che significato ha? Che ognuno merita di essere trattato esattamente allo stesso modo o che aver lavorato tanto e sudato tanto significa poter pretendere attenzione da chi non si trova allo stesso punto? E per l'altra persona?

Che valore ha oggi per te la parola *amore*? Li vuoi dei figli? E se sì, perché?

Come provi l'*invidia*? Riesci a passarci attraverso o ti sregola? E l'altra persona?

Sareste in grado di parlare di *soldi*? Apprezza che tu abbia un lavoro più importante del suo? E, viceversa, come si rapporta all'eventualità che tu possa avere poco denaro o pochi mezzi?

Andare dalla stessa parte, avere obiettivi comuni, significa togliere lo sguardo dagli occhi dell'altra persona, nella quale cercare uno specchio, per rimettercelo solo quando sapete di volere osservare, insieme, lo stesso punto, un punto più avanti, che vi guidi a proseguire, scalando

insieme con l'aiuto di corde che sorreggono entrambi,
e che non cedono, non si spezzano, si tendono: perché
entrambi, ogni giorno, siete disposti a lavorare come hai
fatto tu fino a qui, per capire sempre di più chi siete, cosa
vi inneschi, cosa vi sregoli, cosa vi congeli, cosa vi calmi,
cosa vi incendi, il sapore e il peso in bocca e nel corpo di
ogni differente emozione e il desiderio di capire quello che
prova l'altro senza dover necessariamente farlo passare da
sé stessi. Ogni giorno, entrambi.

Capaci di essere voi e di *custodire* i minuti ciascuno per
l'altro, e di *desiderarvi* e di godere di voi, sempre in *divenire*.

Non soppesarvi a vicenda, ma sapere se vi interessano le
stesse stelle, scegliendone altre se necessario, via via che la
vita, e voi, cambiate; e poi seguirle, su di un viale condiviso,
mano nella mano, dove nessuno rimane indietro o guida
per troppo tempo, da solo.

Se sì, allora c'è relazione.

Se sì, allora nulla può finire: solo cambiare e *divenire*.

*Siete di fronte, a pochi centimetri di distanza, vi state
guardando. Prendi una strada, sai che è quella giusta.*

11

a casa

SEI di fronte alla porta di casa tua, quella che hai chiuso ormai tanti capitoli fa, la porta è la stessa ma la casa ti sembra diversa.

La apri, entri in penombra, avevi accostato tutti gli scuri e spento quasi tutte le luci. Guardi il soffitto, le finestre. Guardi i mobili, le sedute. Fai un giro in cucina, uno in camera da letto. Trovi una scrivania, guardi cosa c'è sopra. Vai in salotto. Poi in camera da pranzo, poi in bagno. Guardi i tuoi vestiti, le tue scarpe. Si sta bene in questa casa, c'è una bella temperatura. Apri le finestre, fai entrare la luce, l'aria. Ti avvicini di nuovo alla porta e ritrovi i tuoi sette oggetti. Li prendi tra le mani, sollevandoli dal pavimento: sono gli stessi, ma sono diversi. Decidi quali rimetterti in tasca e quali no. Prima di farlo, li saluti, uno per uno, per questa volta o per sempre. Uno è l'etica, il secondo è la morale, il terzo è il giudizio, accanto c'è la religione, poi la fede, il penultimo è la paura di morire e l'ultimo è la paura di vivere in solitudine.

E ora saluti me, io resto fuori dalla porta, ci guardiamo negli occhi un'ultima volta, ed è difficile, ma è ora di separarci, è stato un lungo viaggio e io sono fiera di te. Non ti dimenticherò mai. E ti ringrazio, per tutto quello che hai portato con te e per tutto quello che hai lasciato andare. Spegni la luce dell'ingresso che avevi lasciato accesa prima di partire e chiudi la porta.

Questa è la tua casa.

S<small>E</small> ci pensi, hai appena finito di leggere un libro sull'amore.

E magari, quando scegli un libro di questo genere, un saggio, credi ci sia qualcosa da portare a termine per raggiungere un obiettivo, una sorta di "lavoro". D'altronde si dice *lavorare* su di sé, non è così? E forse è così. Però, quello che hai letto, come ti ha fatto sentire, quello che ti ha dato, ciò che hai avuto la forza di prendere (che significa scegliere), non è un libro che ti ha insegnato come trovare qualcuno di meno peggio rispetto a coloro che hai incontrato finora, ma un modo per imparare a portare un po' di luce in luoghi dove nessuno portava un respiro da anni, e far sì che, anche lì, tu potessi trovare, con le tue forze, un po' di quella verità che ti hanno sempre ricacciato in gola e detto che non andava bene.

Tu, oggi, hai tirato fuori un po' di verità da te, su di te. E gli altri avranno la fortuna, l'onore e l'onere di vederla, questa verità in più.

E, nel tempo, alcuni ti diranno che è bello vederti come una persona così diversa.

E molti altri diranno che non sei più la persona che eri una volta, con sospetto, e tu saprai che lo dicono perché quella di una volta era più facile da manipolare.

Nei tuoi momenti più bui, allora, sappi ancora una volta che io sono fiera di te: perché l'amore è, davvero, *divenire*. E noi, nel nostro modo unico, *facciamo amore*, nel senso che lo rendiamo reale. Tutti i giorni. Tu, nel tuo modo unico, *fai amore*, nel senso che lo rendi reale, tutti i giorni.

Per questo, come sempre, ti resto accanto, ti voglio bene e ti ringrazio di avermi dato anche questa volta il privilegio di accompagnarti, casa dopo casa, fino alla tua.

Tua, Bea

*A Francesco, lo so che spesso
pensi di essere una persona sbagliata,
ma tu sei l'amore mio.
E niente ci sarebbe se non ci fossi tu.
Né questo libro, né questa vita.*

Note

1. Carl Gustav Jung, uno dei pionieri della psicologia analitica, ha dedicato molta della sua ricerca all'esplorazione dei simboli e dei segni presenti nella vita quotidiana. Secondo Jung, i simboli sono immagini o oggetti che rappresentano qualcosa di più profondo e complesso, spesso collegato all'inconscio collettivo, una struttura della psiche condivisa da tutta l'umanità. Ecco alcuni punti chiave sul tema:

Archetipi e simboli

Archetipi: Jung ritiene che gli archetipi siano modelli innati e universali di comportamento ed esperienza. Si manifestano attraverso simboli nei sogni, nella mitologia, nella religione e nell'arte. Alcuni esempi di archetipi includono il Vecchio Saggio, l'Eroe, la Grande Madre e il Sé.

Inconscio collettivo: Jung propone l'idea di un inconscio collettivo, una parte della psiche umana che contiene ricordi e immagini universali comuni a tutte le persone. I simboli quotidiani possono emergere da questo livello della psiche portando con sé significati profondi e universali.

Simboli nel quotidiano

Sogni: secondo Jung, i sogni sono una via privilegiata per accedere all'inconscio. I simboli nei sogni possono rivelare desideri, paure e conflitti nascosti. Analizzare i sogni permette di comprendere meglio il proprio inconscio e di crescere psicologicamente.

Sincronicità: Jung sviluppa il concetto di sincronicità, ovvero la coincidenza significativa tra eventi che non hanno una relazione causale evidente ma che appaiono collegati simbolicamente. Questi eventi sincroni possono manifestarsi attraverso segni nel quotidiano, come incontri casuali, numeri ricorrenti, o altri fenomeni che sembrano carichi di significato.

Rituali e tradizioni: i rituali quotidiani e le tradizioni culturali sono spesso pieni di simboli che rappresentano credenze, valori e storie collettive. Questi simboli aiutano a mantenere un senso di continuità e di appartenenza all'interno di una comunità.

Arte e mitologia: la mitologia e l'arte sono ricche di simboli che riflettono le esperienze umane universali. Secondo Jung, studiare questi simboli può aiutare a comprendere meglio l'inconscio collettivo e i temi archetipici presenti nella vita di ogni individuo.

Simboli e individuazione
Processo di individuazione: Jung crede che il processo di individuazione, ovvero la realizzazione del proprio Sé autentico, coinvolga l'integrazione dei simboli e degli archetipi nell'esperienza conscia. Riconoscere e comprendere i simboli nel quotidiano può essere un passo cruciale in questo percorso di crescita personale.

Mandala: Jung attribuisce grande importanza ai mandala, simboli circolari che rappresentano la totalità e l'integrazione della psiche. Disegnare o contemplare mandala può aiutare a trovare un senso di equilibrio e di completezza interiore.

Esempi di simboli quotidiani
Animali: gli animali nei sogni o negli incontri quotidiani possono essere simboli potenti. Per esempio, un serpente può rappresentare la trasformazione o l'inconscio, mentre un uccello può simboleggiare la libertà o l'aspirazione spirituale.

Numeri: numeri ricorrenti, come il 3 o il 7, spesso hanno significati simbolici profondi legati a tradizioni religiose o mitologiche.

Oggetti di uso comune: anche gli oggetti quotidiani possono avere significati simbolici. Una chiave può rappresentare l'accesso a nuovi territori della psiche, mentre uno specchio può simboleggiare l'introspezione e la conoscenza di sé.

Jung incoraggiava l'interpretazione personale dei simboli, suggerendo che il significato di un simbolo può variare a seconda del contesto individuale. Esplorare i simboli del quotidiano (in terapia) può fornire una finestra sul proprio inconscio e promuovere una maggiore comprensione di sé e del proprio posto nel mondo.

2. La teoria delle relazioni oggettuali è una scuola di pensiero psicoanalitica che si concentra sul modo in cui le relazioni con gli "oggetti" esterni (intesi come persone significative nella vita di un individuo) influenzano lo sviluppo della personalità e delle dinamiche psicologiche interne. Ecco una spiegazione per sommi capi, molto semplificata e perciò parziale, dei suoi principali concetti e figure chiave.

Concetti fondamentali

1. **Oggetti**: Nella teoria delle relazioni oggettuali, un "oggetto" non è un oggetto fisico ma una persona, o meglio l'immagine e l'esperienza emotiva di una persona significativa (come un genitore) interiorizzata dall'individuo.

2. **Oggetti interiori**: Gli oggetti sono interiorizzati durante l'infanzia, formando immagini mentali e schemi relazionali che influenzano il modo in cui l'individuo interagisce con gli altri nel corso della vita.

3. **Relazioni oggettuali**: Queste sono le relazioni che si sviluppano tra il sé e gli oggetti interiorizzati. La qualità di queste relazioni (positiva o negativa) influenza la salute mentale e le dinamiche interpersonali dell'individuo.

Principali studiosi

1. **Melanie Klein.**
• *Posizioni*: Klein ha introdotto i concetti di "posizione schizoparanoide" e "posizione depressiva". Nella prima, l'infante sperimenta il mondo in termini di oggetti parziali buoni o cattivi, mentre nella seconda comincia a percepire gli oggetti come interi e a integrare esperienze buone e cattive.
• *Fantasia inconscia*: Per Klein, le fantasie inconsce giocano un ruolo cruciale nello sviluppo psichico e nelle relazioni oggettuali.

2. **Donald Winnicott.**
• *Oggetto transizionale*: Winnicott ha introdotto il concetto di oggetto transizionale, per esempio una coperta o un giocattolo che aiuta il bambino a passare dall'attaccamento alla madre a una maggiore indipendenza.
• *Vero Sé e falso Sé*: Ha distinto tra il vero Sé (autentico) e il falso Sé (adattato alle aspettative degli altri).

3. **Ronald Fairbairn.**
• *Teoria degli oggetti interni*: Fairbairn ha teorizzato che la libido (energia psichica) è intrinsecamente relazionale e che le esperienze negative portano alla formazione di oggetti interni scissi e problematici.
• *Personalità schizoide*: Ha studiato come la personalità schizoide si sviluppi in risposta a relazioni oggettuali negative.

In estrema sintesi la teoria delle relazioni oggettuali esplora come le prime esperienze relazionali, soprattutto con i caregiver primari, formino la base per lo sviluppo della personalità e delle dinamiche relazionali future.

3. Esiste una parte molle sulla testa dei neonati, chiamata "fontanella", che dovrebbe essere trattata con attenzione. Le fontanelle sono spazi membranosi molli tra le ossa del cranio di un neonato. Ce ne sono due principali:

a. Fontanella anteriore. Si trova sulla sommità della testa, verso la fronte. È la più grande delle due ed è di forma romboidale. È situata alla giunzione tra le ossa frontali e parietali. La fontanella anteriore di solito si chiude entro i 18-24 mesi di età.

b. Fontanella posteriore. Si trova sulla sommità della testa, verso la parte posteriore. È di dimensioni più piccole e di forma triangolare. È situata alla giunzione tra le ossa parietali e l'osso occipitale. La fontanella posteriore di solito si chiude entro le 6-8 settimane di età.

Le fontanelle permettono al cranio del neonato di essere flessibile al momento della nascita, facilitando il passaggio attraverso il canale del parto. Inoltre, consentono una rapida crescita del cervello nel primo anno di vita.

Durante questo periodo è importante trattare queste aree con cura per evitare eventuali danni. Tuttavia, la membrana che copre le fontanelle è abbastanza robusta e offre protezione al cervello sottostante.

4. Le emozioni universali sono state studiate e codificate da Paul Ekman attraverso il Facial Action Coding System (FACS). Questo sistema permette di identificare specifiche espressioni facciali associate alle emozioni primarie come gioia, tristezza, paura, rabbia, sorpresa e disgusto.

5. Il termine latino *Homo sapiens* significa uomo sapiente o uomo saggio. *Homo sapiens* è la specie a cui apparteniamo e che include tutti gli esseri umani viventi oggi.
La classificazione tassonomica completa dell'essere umano è:
• **Regno**: *Animalia*
• **Phylum**: *Chordata*
• **Classe**: *Mammalia*
• **Ordine**: *Primates*
• **Famiglia**: *Hominidae*
• **Genere**: *Homo*
• **Specie**: *Homo sapiens*

Questa specie è caratterizzata da un grande cervello, un linguaggio complesso e la capacità di creare e utilizzare strumenti sofisticati.

L'*Homo sapiens* è l'unica specie del genere *Homo* non estinta, mentre altre specie dello stesso genere, come l'*Homo neanderthalensis* e l'*Homo erectus*, si sono estinte nel corso della storia evolutiva.

6. Secondo l'ISTAT il 39,3% degli uomini ritiene che una donna sia in grado di sottrarsi a un rapporto sessuale se davvero non vuole averlo (contro il 29,7% delle donne). Un uomo su cinque (19,7%) pensa che le donne possano provocare la violenza sessuale con il loro modo di vestire (contro il 14,6% delle donne). Circa l'11% – sia donne che uomini – ritiene che una donna vittima di violenza sessuale, quando è ubriaca o sotto l'effetto di droghe, sia almeno in parte responsabile. Circa il 10% ritiene che se una donna, dopo una festa, accetta un invito da un uomo e viene stuprata, ne condivida la colpa.

Secondo l'Equal Employment Opportunity Commission l'81% delle donne e il 43% degli uomini hanno affrontato molestie sessuali nella loro vita.

Secondo l'ISTAT il 31,5% delle donne 16-70enni (6.788.000) ha subito nel corso della propria vita una qualche forma di violenza fisica o sessuale: il 20,2% (4.353.000) ha subito violenza fisica, il 21% (4.520.000) violenza sessuale, il 5,4% (1.157.000) le forme più gravi della violenza sessuale come lo stupro (652.000) e il tentato stupro (746.000).

7. Se ti serve comprendere meglio come identificare un'ansia potenzialmente problematica, diversa dall'emozione della quale ti parlo qui, concentrati su questi aspetti:

1. Quanto incide il passato nei tuoi ragionamenti? Stai pensando e ripensando ad accadimenti trascorsi, cercando di dettagliare con precisione ogni avvenimento – come per cercare di riviverlo – chiedendoti cosa avresti potuto fare; stai provando sensazioni fisiche di profondo disagio; stai chiedendoti come riavvolgere il nastro e immaginando scenari alternativi a quanto già successo, nel tentativo di "calmarti"?

2. Quanto sono drammatici, catastrofici e pessimistici gli scenari futuri che immagini rispetto a un evento potenziale?

3. Hai delle paure accentuate e, anche se più o meno legate alla realtà, non strettamente correlate a eventi scatenanti del presente o dell'immediato passato (per esempio, hai una paura molto intensa che entrino dei ladri dentro casa, anche se non ci sono stati furti nel palazzo ultimamente)?

4. Sei continuamente in stato di allerta?

Ecco: se queste istanze occorrono tutte insieme, e sono intense, questo tipo di ansia è potenzialmente oltre i confini della "semplice" emozione.

8. La regolazione emotiva può variare notevolmente tra gli individui e può portare a stati di iperattivazione (reazioni emotive eccessive) o ipoattivazione (reazioni emotive ridotte o assenti).

In questo breve elenco di esempi troverai anche stati di iper- e ipoattivazione patologici, o comunque presenti in quadri clinici. Come sempre NON autodiagnosticarti, ma se vivi queste esperienze rivolgiti a un professionista quale uno psicoterapeuta o uno psichiatra: parlane prima con il tuo medico curante, che saprà guidarti nella scelta corretta, dopo aver escluso tramite anamnesi ed esami, come prima cosa, qualunque causa somatica.

Ecco alcuni esempi di iperattivazione e ipoattivazione per diverse emozioni:

Gioia
Iperattivazione:
Risate eccessive e incontrollabili anche in situazioni dove si avverte la necessità di fermarsi.

Comportamenti euforici che possono risultare invadenti o inappropriati.

Ipoattivazione:
Incapacità di provare piacere o entusiasmo per attività che solitamente sono fonte di gioia.
Reazioni scarse o inesistenti a eventi normalmente eccitanti.

Rabbia/Paura
Iperattivazione:
Scatti di collera frequenti e intensi per motivi futili.
Comportamenti aggressivi o violenti, come urla, lanci di oggetti o aggressioni fisiche.
Attacchi di panico.
Evitamenti estremi che limitano significativamente la qualità della vita (fobie).
Ipoattivazione:
Incapacità di provare rabbia e determinazione anche quando giustificata.
Reazioni passivo-aggressive o totale assenza di confronto in situazioni conflittuali.
Mancanza di reazione in situazioni pericolose, mettendo a rischio la propria sicurezza.
Comportamenti rischiosi o temerari che non considerano le conseguenze.

Tristezza
Iperattivazione:
Crisi di pianto incontrollabili e prolungate per eventi relativamente minori.
Ruminazione continua su eventi tristi, portati fino allo stato depressivo.
Ipoattivazione:
Mancanza di tristezza o di empatia in situazioni normalmente commoventi o tragiche.
Atteggiamento apatico o indifferente verso perdite o fallimenti personali.

Disgusto
Iperattivazione:
Reazioni di disgusto esagerate a stimoli minimi, come il semplice pensiero di qualcosa di spiacevole o non gradito.
Evitamento eccessivo di situazioni o persone che evocano disgusto, anche quando non immediatamente comprensibile per il soggetto.
Ipoattivazione:
Assenza di disgusto verso stimoli generalmente ripugnanti, come odori o sapori sgradevoli.
Mancanza di reazioni appropriate a situazioni igienicamente compromettenti.

Questo libro è fabbricato da Grafica Veneta S.p.A.
con un processo di stampa e rilegatura certificato 100% carbon neutral
in accordo con PAS 2060 BSI

Finito di stampare presso Grafica Veneta S.p.A.
Via Malcanton, 2 – Trebaseleghe (PD)
su carta HOLMEN
con fibra vergine proveniente da foreste sostenibili holmen.com/paper
Printed in Italy